원격대학에서 학습하기

국립중앙도서관 출판시도서목록(CIP)

원격대학에서 학습하기 / 지은이 : 윤여각
― 서울 : 한국방송통신대학교출판문화원, 2014
   p. ; cm. ― (아로리총서. 021, 교육과 미래 : 4)

ISBN 978-89-20-01297-6 04080 : ₩ 5900
ISBN 978-89-20-92820-8(세트) 04080

원격 대학[遠隔大學]
방송 대학[放送大學]

377.6-KDC5
378-DDC21   CIP2014007466

원격대학에서 학습하기

성공적인 대학생활을 위한 이러닝 학습전략

ⓒ 윤여각, 2014.

2014년 3월 10일 초판 1쇄 펴냄

지은이 | 윤여각
펴낸이 | 조남철

편집 | 박혜원 · 이강용
디자인 | 토틀컴
인쇄 | 삼성인쇄(주)

펴낸곳 | (사)한국방송통신대학교출판문화원
        등록 1982년 6월 7일 제1-491호
        주소 서울특별시 종로구 이화장길 54(110-500)
        전화 1644-1232
        팩스 (02)741-4570
        홈페이지 http://press.knou.ac.kr

'지식의 날개'는 한국방송통신대학교출판문화원의
교양도서 브랜드입니다.

아로리총서 : 교육과 미래-4

원격대학에서 학습하기

윤여각

지식의날개

일반대학이든 원격대학이든 교과과정을 운영하는 데 인터넷의 활용은 필수적이다. 현재는 인터넷에서 필요한 정보를 소통하는 일이 포함되지 않으면 어떤 대학에서든 교과과정을 운영하는 것이 거의 불가능하다고까지 말할 수 있다. 이 점에서 일반대학과 원격대학은 동형성을 가지고 있다. 다만 일반대학은 원격대학에 비해 인터넷 밖에서 활동하는 비중이 상대적으로 높을 뿐이다. 일반대학은 인터넷을 활용할 뿐만 아니라 인터넷 안에서 교과과정을 운영하는 비중을 상대적으로 높여 나가고 있다. 이 점에서 일반대학과 원격대학의 경계는 점점 흐려지고 있다.

평생 동안 학습에 참여하는 시대를 살아가면서 원격대학에서 학습하는 것은 앞으로 생소한 일이 아닐 것이다. 평생 동안 학습에 참여하는 시대는 그만큼 삶이 복잡해지는 시대이기도 하다. 따라서 대학교육에 대한 필요를 충족시키기 위한 대안이 요구되고, 이 요구에 부응하는 원격대학은 앞으로 더 많은 주목을 받게 될 것이다. 그러나 막상 원격대학에서 어떻게 학습할 것인가에 대한 논의는 시작 단계에 있다. 원격교육에 관한 많은 담론이 있고, 이론도 존재하지만 학습자의 입장에서 원격대학에서 학습하는 것에 대해 체계적으로 안내하는 글은 드물다.

원격대학은 인터넷 기술이 발달되지 않으면 존립할 수 없지만, 원격대학에서 교육적 필요를 충족시키고자 하는 사람들이 존재하지 않으면 또한 존립할 수 없다. 그러나 이들을 그동안 수요자로 보는 시각이 지배적이었다. 그러다 보니 이들 고객에게 어떻게 하면 최첨단 서비스를 제공할 것인가에만 주목하였다. 그러나 학습은 학습자 내부에서 일어나는 것이고, 다른 학습자 및 교수자와의 관계 속에서 이루어지는 것이며, 최첨단의 인터넷 환경이 최상의 학습을 보장해 주는 것은 아니다. 그러므로 원격대학에서 학습자는 어떻게 학습해야 하며, 학습할 때 유념해야 할 것은 무엇인지 체계적인 안내가 필요하다.

『원격대학에서 학습하기』는 이러한 맥락에서 구상되었고, 전체 3개의 장과 부록으로 구성하였다. 제1장에서는 원격교육체제에 대해 다루었으며, 제2장에서는 일과 병행하는 학습의 과정을 다루었다. 제3장에서는 보고서 작성 및 토론에 대해 다루었다. 제1장에서는 원격교육의 이해, 원격교육지원체제의 이해를 하위주제로 다루었다. 제2장에서는 일과 학습의 선순환, 학습계획 수립, 학습을 위한 준비, 학습의 과정, 평가의 과정, 학습동아리 활동을 하위주제로 다루었다. 제3장에서는 보고서의 평가기준, 보고서의 구조, 보고서 작성의 실제, 토론의 원리, 토론의 실제를 하위주제로 다루었다. 마지막으로 부록에서는 한국방송통신대학교와 프라임칼리지에 대해 소개하였다.

각각의 하위주제와 관련된 논의는 전체적인 순서와 관계없이 참조할 수 있다. 그러나 전체적으로 '원격대학에서 학습하기'로 수렴되는 하나의 이야기로 구성되어 있다. 따라서 독자는 관심 있는 하위주제를 선택하여 먼저 읽어 내려갈 수도 있으며, 물론 처음부터 차례에 따라 하위주제에 관한 논의를 따라갈 수도 있다. 이러한 구성 때문에 하나의 하위주제를 읽고 다른 하위주제를 접하면 양자의 관련성을 쉽게 짐작할 수 있다. 더 나아가 전체적으로 하나의 이야기로 구성되어 있기 때문에 독자 역시 다 읽고 나서 '원격대학에서 학습하기'에 대한 자신의 이야기를 할 수 있기를 기대한다.

차 례

chapter 3

보고서 작성 및 토론

부록―한국방송통신대학교와 프라임칼리지

맺는말   199

원격교육체제의 이해

원격교육체제의 이해

1. 원격교육의 이해

'원격교육'은 거리 문제 때문에 교육에 참여하기 어려운 상황을 해결하려고 등장한 교육의 한 유형이다. 정보통신기술의 발달을 토대로 원격교육은 계속 진화해 왔다. 이제 원격교육은 거리 문제만이 아니라 시간과 방법의 문제까지도 극복해 나가고 있다. 그 결과 원격교육은 하나의 거대한 흐름을 형성하며 교육의 중요한 한 축이 되었다.

이 절에서는 원격교육이 무엇인가에 대해 개괄적으로 논의한다.

원격교육의 과거, 현재, 미래

원격교육은 어느 날 갑자기 생긴 것이 아니라 필요에 대한 기나긴 갈망 속에서 생겨난 것이다. 원격교육이 있기 이전에는 스승이 있는 곳에 제자가 찾아가거나 제자가 있는 곳에 스승이 찾아가야 했다. 전자의 경우에는 배움의 열망으로 가득 찬 사람이 세상을 주유하면서 자신에게 깨달음을 주는 사람과 만나게 되는 이야기가 있다. 후자의 경우에는 가르침에 대한 열망이 있는 사람이 세상을 주유하면서 자신에게 배울 만한 사람을 만나게 되는 이야기가 있다. 이러한 이야기는 신화나 전설 속에, 그리고 영웅이나 위인들의 전기 속에 자주 등장한다.

교통이 발달한 지금에는 도저히 상상할 수 없을 정도로 먼 거리임에도 불구하고 인류의 역사가 시작된 이래로 장거리 이동이 있었고, 교류도 있었다. 이러한 교역로를 따라 모험심이 가득한 사람들이 이동을 했고, 여기에 배움에 대한 열망이나 가르침에 대한 열망이 있는 사람도 포함되어 있었다. 여기에 수많은 우여곡절이 있지만 이들에 의해 새로운 것을 가르치고 배우는 사건들이 일어나고, 이들이 또한 이동하면서 또 다른 가르침과 배움의 역사를 쓰곤 하였다.

문자와 기록할 도구 및 매체가 발명된 이후 이들이 활용한 것 중 하나가 서신이다. 물론 여기에는 서신을 전달해 줄 사람의 존재가 전제된다. 먼 곳에 있는 자녀에게, 친척에게, 친구에게, 또는 제자에게 자신의 생각을 적어 보내는데, 여기에 상대편이 그 핵심을 깨닫기를 바라는 소망을 담을 수도 있고, 그러한 소망을 담지 않을 수도 있다. 전자임에도 불구하고 상대편이 깨닫지 못할 수도 있고, 후자임에도 불구하고 상대편이 스스로 깨달음을 얻을 수도 있다. 여기에는 의도한 교육과 의도하지 않은 교육이 전개된 역사가 있다. 서신 교환이 빈번해질수록 교육의 기회 또한 증가한다. 전화가 발명되면서 서신 교환 없이도 서로 교육적 대화를 나누는 것이 가능하게 되었다. 그러나 초기에 전화를 이용할 수 있는 사람은 극히 제한되어 있었다. 따라서 전화가 상용화되기 이전까지 서신 교환은 사라지지 않고 계속되었다.

초기에는 교육적 교류를 위해 우편료와 통화료 이외에 다른 비용이 들어가지 않았다. 그러나 교육을 사업화하는 시도가 진행되면서 교육적 교류 자체가 하나의 유료 프로그램이 되었다. 서신 교환 대신 교수자 측에서 학습자가 자기 주도적으로 학습할 수 있도록 안내하고, 학습자가 실제로 학습을 진행하고, 교수자가 그 결과물을 받아 이에 대해 학습자에게 전문적인 의견을 제시하는 하나의 체제가 마련되었다. 그러나 이것은 서신 교환과 동형적인 방식으로 진행되었다.

전화가 상용화된 이후에는 일정한 시간대에 전화로 연결이 되면 교수자가 단계적으로 가르치고 학습자가 배우는 교육적 소통도 가능하게 되었다. 여기서는 교수자 편에서 학습자에게 학습할 것을 전하고, 학습자 편에서 교수자에게 학습한 결과를 보내며, 다시 교수자 편에서 이에 대한 전문적인 의견을 보내는 데 긴 절차가 생략되고 즉각적으로 교육적 소통을 하는 것이 가능하다. 교수자가 학습자에게 예습을 하게 하고 이를 점검하거나 복습을 하게 하고 이를 검사하는 데 시간적 간격이 존재하기는 하지만 그 상호작용 자체는 즉각적으로 이루어진다.

교수자와 학습자가 서로 먼 곳에 떨어져 있음에도 불구하고 서로의 교육적 필요를 충족시키기 위한 방도로서 이러한 서신이나 전화 등의 방법을 활용하였고, 이후의 발전은 서신 교환보다는 전화 통화를 진화시키는 방식으로 이루어졌다. 그리고 컴퓨터 통신의 발명 이후에는 우리가 목격하고 있듯이 인터넷이 대세를 이루고 있다. 인터넷의 발명은 실질적인 의미에서 소통을 가속화시키고 있다. 이제는 유선의 소통에서 무선의 소통 시대로 나아가고 있다. 휴대폰으로 교육 프로그램을 내려받아 학습에 참여하고, 여기서 교육적 소통을 하는 것도 가능하게 되었다. 물론 교수자와 학습자가 서로 거리상으로 떨어져 있다는 전제가 있다. 이제 면대면 방식이 아닌 방식으로 진행되는 모든 교육은 원격교육으로 명명되고 있다. 앞으로는 학습자의 반응에 따라 그 경우의 수를 다 고려하여 영상으로 적절하게 대응하는 것이 가능한 원격교육 프로그램도 등장하게 될 것이다.

원격교육 진행에서의 협업

이제 원격교육이라는 말은 인터넷상에서 온라인 상태로 진행하는 사이버교육과 거의 동의어로 사용되고 있다. 아날로그 방식이 아닌 디지털 방식으로 학습하는 것을 강조하는 이러닝이라는 말도 원격교육과 관련해서 널리 사용되고 있다. 이러닝은 디지털 방식으로 진행됨에도 불구하고 아날로그 방식에서의 상호작용성을 강화하면서 계속 진화해 나가고 있다. 여기서는 이러닝에 초점을 맞추어 논의한다.

디지털이라는 말에서 알 수 있듯이, 이러닝은 컴퓨터 화면에 전자화되어 전달되는 내용을 학습하는 것을 말한다. 따라서 수업을 통해 교수자가 전달하는 교과내용을 전자화된 방식으로 전환하는 것이 필요하다. 그리고 한 화면에 담을 수 있는 내용에는 한계가 있기 때문에 어떤 내용을 얼마큼 분량으로 어떻게 전달할 것인가에 대해 판단해야 한다. 그 이전에 교수자는 이러한 점들을 고려하여 수업을 설계해야 한다.

15주 수업에서 각 차시는 3시간 진행할 분량으로 구성된다. 매 차시마다 어떻게 수업을 시작하고, 진행하고, 마무리할 것인가를 설계해야 하고, 구체적인 수업내용을 준비해야 한다. 이것을 1차시에서 15차시까지 하게 되므로 교수자는 한 학기의 수업내용 전체를 꿰고 있어야 하고, 그것을 차시별로 적절하게 배치해야 한다. 이러닝은 교수자가 수업을 통해 전달할 내용을 확정하는 것으로부터 시작된다. 이 모든 것이 음성이나 동영상을 포함하여 인터넷 화면으로 구성되어야 한다. 예컨대 교수자가 수업을 통해 전달할 내용이 주 교재의 내용이라고 해서 그 교재를 그대로 인터넷 화면에 옮기는 것은 적합하지 않다. 주 교재에 대해 강의하는 것과 동일한 효과가 창출될 수 있도록 그 주 교재에 대한 강의내용이 인터넷 화면으로 제작되어 재구성되어야 한다. 어떤 내용을 담을 것인가에 대한 판단은 전적으로 교수자의 몫이다.

강의내용을 어떤 방식으로 구성할 것인가는 교수설계자의 몫이다. 이러닝 강의에서 교수자는 한 화면을 구성하고, 한 차시의 수업을 구성하는 몇 가지 표준화된 방식을 따라야 한다. 판서하면서 강의하는 것을 그대로 한 차시의 수업으로 구성하는 것도 가능하지만 일반적으로 이러닝에서 한 차시의 수업이 그것만으로 구성되는 경우는 거의 없다. 수업의 내용을 어떤 방식으로 구성하는 것이 교육적으로 효과가 있는지 전문적인 식견을 가지고 있는 이가 바로 교수설계자이다.

이러닝에서 한 화면을 구성하고, 한 차시의 수업을 구성할 때 글자체를 포함하여 다양한 도안이 필요하다. 여기서 주목하는 것은 시각적인 측면이다. 동일한 내용이라도 어떻게 배치할 것인가와 더불어 어떤 모양새로 표현할 것인가를 고려할 수 있다. 전자가 수업설계자의 몫이라면, 후자는 도안에 주목하는 전문디자이너의 몫이다.

이러닝 강의에서 일부분을 음성 강의로 진행하고 이를 디지털화하여 화면을 구성할 수 있다. 또한 이러닝 강의에서 일부분을 동영상 강의로 진행하고 이를 디지털화하여 화면을 구성할 수도 있다. 전자를 위해서는 별도로 녹음을 해야 하고, 후자를 위해서는 촬영을 해야 한다. 녹음의 질과 촬영의 질을 일정 수준으로 유지하기 위해서는 별도의 장비와 시설이 필요하다. 이러닝을 위해서는 별도의 장비가 갖추어진 시설, 즉 스튜디오가 필요하다. 이러닝에서는 이 장비를 조작하는 전문기술자가 있어야 한다.

이러닝과 관련하여 표준화가 계속 진행되면서 1인 제작체제도 도입되고 있다. 강의내용의 전문가인 교수자가 수업에 대한 설계도 하고, 이미 잘 도안이 되어 있는 강의 포맷을 선택한 다음, 녹음이나 촬영도 하는 것이다. 녹음이나 촬영도 역시 표준화되어 있어서 교수자가 리모컨으로 조작하는 것이 가능하다. 그래서 초기에는 작업의 분화가 진행되다가 다시 작업이 통합되는 변화가 나타나고 있다.

원격교육에서 학습자의 활동

이러닝에서 학습자는 일반 강의실에서 수업에 참여할 때와 거의 동일한 활동을 한다. 다만, 학습자가 함께 한곳에 모여 있지 않고 지역적으로 흩어져 있으며, 주 단위로 어느 때든 인터넷에 접속하여 활동할 수 있다는 점에서 일반 강의실에서의 수업과 차이가 있다. 그러나 개별적으로 수업에 열심히 참여하는 것을 전제로 하면 활동에서 근본적인 차이가 있다고 보기 어렵다. 그만큼 이러닝은 일반 강의실을 인터넷으로 옮겨 놓은 것과 같은 효과를 창출해 내고 있고, 그러한 방향으로 진화하고 있다.

학습자는 먼저 인터넷을 켜고 교과목을 운영하는 사이트에 접속하여 수강하는 교과목을 클릭한다. 그러면 해당 교과목의 창이 열리면서 차시별 강의제목이 뜬다. 해당 차시의 강의제목을 클

릭하면 다시 창이 열리면서 강의에 대한 개관, 해당 강의에서 의도하는 학습목표, 주요용어를 접할 수 있고, 페이지 넘기기를 통해 다음 창을 열면 본 강의내용을 접할 수 있다. 여기서는 담당교수의 강의내용이 창의 왼쪽에서 동영상으로 제공되고, 창의 오른쪽에는 PPT 자료가 제공된다. 담당교수는 PPT 자료에 간단한 메모를 덧붙이면서 강의를 진행하기도 한다. 본 강의가 끝나고 페이지 넘기기를 통해 다음 창을 열면 강의내용을 얼마나 이해하고 있는가 점검하는 문항을 접할 수 있고, 이어서 강의내용에 대한 요약과 참고문헌에 대한 소개를 접할 수 있다. 이렇게 학습자는 페이지를 넘겨 창을 열어 가면서 거기서 제공하는 내용을 파악하고, 이해하고, 반응하는 것으로 학습활동을 진행한다.

좀 더 비용을 들여 제작된 경우라면 강의를 도입하는 현장 사진이나 동영상 또는 애니메이션을 볼 수 있고, 강의 중간에 첨부되어 있는 관련된 자료들을 내려받아 볼 수 있다. 또는 가상 실험을 하는 조작을 하고 그 결과를 지켜볼 수도 있다. 이 모든 것을 해당 주차의 강의가 탑재되자마자 할 수도 있고, 일주일의 기간 내에 하나하나 차근차근할 수도 있다. 이 모든 것을 학습하는 당사자의 주도 아래 다른 학습자가 어떻게 학습하고 있는가와 관계없이 수행할 수 있다.

해당 교과목의 운영에는 교수에게 개별적으로 질문하고 대답을 듣는 별도의 항목이 마련되어 있을 수도 있고, 그러한 항목 없이 공개적으로 누구나 질문하고 이에 대해 교수가 대답을 하거나 다른 학습자가 대답을 하는 방식으로 진행하는 항목이 마련되어 있을 수도 있다. 어느 경우든 학습자는 강의내용을 따라가면서 떠오르는 의문을 질문의 형식으로 바꾼 글을 올릴 수 있다. 이에 대한 교수의 답변이나 다른 학습자의 답변에도 여전히 의문이 가시지 않는다면 계속해서 그 의문을 해소하기 위한 질문을 올리거나 자신의 견해를 피력할 수 있다.

학습자는 매 주차마다 다루는 주제와 관련하여 강의에서 제공되지 않은 자료를 별도의 자료실에 올려 다른 학습자들과 공유할 수 있다. 학습자들끼리 소통하는 커뮤니티가 별도로 마련되어 있다면 여기서 교과내용에 대한 소감이나 의견을 올릴 수도 있고, 전체 일정과 관련하여 의논하는 글을 올릴 수도 있다. 이러닝에서는 이렇게 수강하고, 질문하고, 다른 학습자의 질문에 응답하고, 관련 자료를 올리는 것을 수업참여로 보고, 그 정도를 척도화하여 평가에 반영하기도 한다. 수업참여도 점수가 바로 그것이다.

이러닝에서 학습자가 해야 할 활동과 관련하여 공지가 필요한 경우 이를 공지하는 항목이 따로 마련되어 있다. 교수가 여기에 토론이나 과제나 시험에 대해 안내하는 공지를 올리기 때문에 학습자는 새로운 공지사항이 올라와 있으면 이를 바로 확인해 보아야 한다. 그리고 이에 따라 토론에 참여하거나 보고서 과제를 작성하여 정해진 기일 안에 제출하거나, 정해진 시간대에 시험에 응시해야 한다. 토론과 보고서 과제와 시험에 대한 평정 결과는 다 점수로 환산된다.

원격교육에서 학습자의 자세

원격교육에서 학습자는 자기 규율에 따라 학습을 진행해야 한다. 물론, 원격교육에서 학습자의 학습을 위한 안내가 있고, 학습자가 학습에서 지켜야 할 규칙이 있다. 이 규칙을 제대로 지킬 것인가 지키지 않을 것인가는 전적으로 학습자 개인의 결단에 달려 있다. 특별히 학습자의 행동을 규율하는 사람이 바로 옆에 있지 않기 때문에 그 규율의 몫이 학습자 개인에게 넘어오는 것이다. 이 점에서 원격교육에서는 학습자의 정직성을 유별나게 강조하게 된다.

일반 강의실에서는 교수가 학생들을 상대로 직접 강의를 한다. 그래서 학생은 교수의 시선을 의식하게 된다. 그러나 원격교육에서는 학생이 교수의 시선을 의식할 필요가 없다. 원격교육에서 강의는 일단 교수에서 학생에게로 일방향으로 전달되기 때문이다. 수업에서 교수의 강의 앞뒤에 제시되어 있는 다양한 내용도 일방향적인 것이다. 그러므로 학생은 교수를 의식하지 않고 자기 규율에 따라 수업에 참여해야 한다. 즉, 컴퓨터가 있는 공간을 강의실로 규정하고 그 안에서 자기 규율에 따른 수강을 해야 하는 것이다.

여기에는 물론 학생이 활동할 것을 지시하는 사항에 대해 일일이 그 지시에 따라 활동하는 것이 포함된다. 예컨대 해당 차시의 맨 앞에서 다루어지는 주제와 관련하여 학생이 가지고 있는 선지식을 확인하는 물음에 대해 실제로 자신의 선지식을 토대로 응답하는 글을 올려야 한다. 그리고 해당 차시의 가장 마지막에서 다룬 주제와 관련하여 자신의 이전 지식과 수강 이후 현재의 자신의 지식 사이에 어떤 차이가 있는가를 확인하는 물음에 대해서도 실제로 그 차이를 언급하는 글을 올려야 한다. 강의에서 다룬 내용에 대한 이해 정도를 확인하는 물음에 대해서도 응답을 하고, 그 응답의 결과를 확인하면서 복습하는 과정도 거쳐야 한다.

학생은 자신의 학습계획에 따라 정해진 시간에 수강을 하고, 만약 그 시간을 놓치면 반드시 가능한 시간에 수강을 해서 한 차시라도 빠트리고 지나가는 일이 없도록 해야 한다. 더 나아가 교수가 매 차시마다 제시하는 참고문헌을 일일이 찾아보고 필요한 부분을 참조해야 한다. 수강하는 과정에서 질문이 생기면 교수에게 질문을 남기고, 다른 학생의 질문에 대해 자신이 아는 범위 안에서 응답하는 글도 남겨야 한다. 평가의 경우에는 미리 공지가 되기 때문에 정해진 시간대에 평가에 임해야 한다. 그리고 보고서 과제의 경우에는 정해진 기일까지 반드시 보고서를 제출해야 한다.

교과목을 이수하는 학생들끼리 합의가 되면 별도의 학습동아리를 구성하여 오프라인에서 학습하는 모임을 가져야 한다. 이것은 원격교육이 학습의 몫을 학습자에게 일임하고 있다 하더라도 원격교육이 이루어지는 맥락에 충실하고, 원격교육이 성공적으로 이루어질 수 있도록 학생들이 함께 노력하고, 그 과정에서 학생 개인의 성장을 도모하는 자세가 필요하다는 것을 의미한다.

교과목을 이수하면서 가족이나 직장 상사 및 동료의 후원도 필요하지만 함께 학습하는 동료의 정서적 지지도 필요하다. 대부분 어려운 결정을 해서 교과목을 이수하고 있고, 이수하는 과정에서 예기치 않은 방해요인들이 개입할 수 있기 때문에 실제로 교과목을 이수하는 데 많은 어려움을 겪을 수 있다. 이때 함께 교과목을 이수하는 학생들이 서로 격려하고 먼저 도움의 손길을 내미는 자세가 필요하다. 즉, 누구도 뒤에 남겨지는 사람이 없어야 한다는 것을 공동의 책무로 삼는 자세가 필요한 것이다.

원격교육에서 교수자와 학습자의 소통

교수는 학생의 교과목 이수와 관련하여 자신이 할 수 있는 모든 것을 학생에게 펼쳐 보인다. 앞서 보았듯이, 이러닝은 이것이 가능하도록 설계되어 있다. 그리고 그 다음은 학생의 몫으로 일임한다. 그러나 이러닝은 이러한 일방향성을 극복하는 방향으로 계속 발전하고 있다. 교육에서 가시적인 소통이 반드시 필요한 것은 아니다. 예컨대 이미 작고한 학자의 저술을 보면서 혼자서 학습하는 과정에서 학습의 진전이 일어나기도 하기 때문이다. 그렇다고 교육의 장에서 가시적인 소통의 가치가 사라지는 것은 아니다. 교육의 장에서는 가시적인 소통이 필요하며, 따라서 원격교육이라고 하더라도 그러한 소통이 일어날 수 있도록 설계되어야 한다. 이것을 위해 질의응답하는 항목을 만들고, 학생들끼리 소통하는 항목을 만드는 것이다.

학생의 질문에 대해 시간적 간격을 두든 두지 않든 교수는 응답을 해야 한다. 이 응답 자체도 중요하지만 더 중요한 것은 수업의 맥락에서 학생이 왜 그러한 질문을 갖게 되었는가를 파악하는 것이다. 이것은 수업의 전체적인 흐름에 대해 성찰해 보는 계기가 된다. 어느 경우에도 교과목에 대한 수업이 완벽할 수는 없다. 무엇보다도 그 수업은 현재의 학생을 염두에 두고 제작된 것이 아니다. 이미 제작된 것을 가지고 현재의 학생이 수업에 임하고 있는 것이다. 제작 당시에 파악한 학생의 배경이나 수준과 현재의 학생의 배경이나 수준이 동일하지 않을 수 있다. 이 점은 학생이 예상치 못한 질문을 할 때 선명하게 부각된다.

학생의 배경이나 수준에 대해서는 학생들끼리 소통하는 모습을 보면서도 파악하는 것이 가능하다. 학생들끼리는 비교적 거리낌 없이 소통하는 경향이 있다. 따라서 이러한 소통을 지켜보면서 학생들의 주된 관심사나 문제의식 또는 기대하는 강의내용을 파악할 수 있다. 그렇다고 이를 반영하여 강의 자체를 새로 제작하여 학생들에게 제공할 수는 없기 때문에 단위 차시 안에서 필요한 보완 작업을 하는 것으로 한정할 수밖에 없다. 물론 이것은 학생들이 이후에 수강하는 차시에도 그대로 적용된다.

원격으로 진행되는 교육임에도 불구하고, 우리나라와 같은 작은 규모에서는 전국에서 수강하는 학생들이 한자리에 모이는 것이 가능하다. 이 점을 고려하여 학기 중에 교수와 학생의 오프라인 모임을 계획하기도 한다. 이 모임은 미리 공지가 되고 이에 따라 모두 일정을 조정하게 되기 때문에 이 모임에는 다수가 참여할 수 있다. 이 자리에서 학생은 인터넷상으로 해결하지 못한 의문을 질문의 형식으로 교수에게 제시하고, 이에 대한 교수의 대답을 비교적 충분히 듣고 관련된 논의를 이어갈 수 있다. 이러한 논의가 필요하다는 점에서 대학에서는 교수와 학생의 오프라인 모임을 세미나 형식으로 진행하기도 한다.

학생들과의 상호작용을 통해 교수는 단위 수업 안에서 부분적으로 수정하는 조치를 취할 수 있다. 그러나 이것이 언제나 가능하지 않을 수도 있고, 반드시 필요하지 않을 수도 있다. 이 경우 수정은 한 단위의 수업이 마무리된 이후에 이루어지게 되고, 따라서 그 결과는 현재의 학생이 아닌 다음에 수강하는 학생이 확인할 수 있다. 다루는 교과내용에 대한 논의가 계속 축적되기 때문에 이를 반영하여 매 수업마다 다루는 교과내용을 수정하는 것이 바람직하다. 그러나 이 외에도 학생의 교육적 필요에 부합하는 요구를 반영하여 이것을 수업의 재설계에 반영하는 것도 필요하다.

2. 원격교육지원체제의 이해

원격교육은 말 그대로 원격으로 진행하는 것이기 때문에 교육이 잘 진행될 수 있도록 지원하는 체제가 뒷받침되어야 한다. 이러닝의 경우 이 체제는 최첨단 기술에 맞추어 계속 변화하고 있다. 그래서 적어도 기술공학적인 면에서는 원격교육이 가장 앞서 나가고 있다고 말할 수 있다.

이 절에서는 원격교육의 진행을 지원하는 체제에 대해 개관한다.

자료의 탑재와 안내

원격교육은 원격으로 진행하는 교육으로서 교육에 참여하는 학습자가 서로 멀리 떨어져 있다. 이들 학습자는 일반적으로 일과 학습을 병행해야 하는 위치에 있다. 사실 일과 학습을 병행할 수 있다는 이점 때문에 이들은 원격교육을 선택했다고 할 수 있다. 그런데 학습에 대한 외부 규율 없이 자기 규율에 따라 학습을 진행해야 하기 때문에 일 때문에 학습이 뒤로 밀리는 상황이 벌어지기도 한다. 이러한 상황에서는 강의내용을 보완하고 심화하는 자료를 찾아 그 자료가 있는 곳으로 이동하는 것 자체가 거의 불가능하게 된다. 학생이 학습에 게으름을 피워서가 아니라 구조적인 요인으로 학습하기가 어려운 상황이라면 여기에는 적절한 조력이 필요하다고 할 수 있다.

이 점을 고려하여 교수설계에서부터 교수가 직접 각 차시의 학습에 도움이 되는 다양한 자료를 올리는 것을 포함시키기도 하고, 학생이 각자 접근하여 확보한 자료를 올리는 것을 포함시키기도 한다. 경우에 따라서는 교수가 생성한 자료만을 묶어서 별도의 항목으로 제시하기도 한다. 예컨대 교과목 운영의 전체 개요에 해당하는 교수의 강의계획서, 교수가 강의를 하면서 활용한 교과내용에 대한 요약 자료, 교수가 교과목의 주제와 관련하여 작성한 소논문이나 에세이, 중간시험과 기말시험에서 출제한 문항과 답 및 각 문항에 대해 해설한 자료 등을 한곳에서 참조하는 것이 가능하다.

다양한 자료가 첨부되기 때문에 교과목 운영 자체가 용량이 큰 서버를 필요로 한다. 컴퓨터로 하나의 교과목만 운영되는 것은 아니기 때문에 그 운영을 위한 서버의 용량 자체가 매우 크지 않으면 안 된다. 서버의 용량은 학생들 간의 소통내용, 교수와 학생의 소통내용, 과제 성격의 토론내용, 보고서 과제, 기타 교수와 학생의 접속 흔적까지 다 감당할 수 있어야 한다. 각 차시의 수업에 필요한 자료를 올리고 학생이 이를 내려받는 데 어려움이 없어야 하기 때문에 원격교육은 이를 가능하게 하는 방식으로 발전된 공학기술을 적용해 왔다. 이러한 교수설계와 서버의 용량 덕분에 학생은 각 차시의 수업에 참여하면서 관련된 다양한 자료를 한자리에서 다 참조해 볼 수 있다.

이 외에도 언제부터 언제까지 과제 성격의 토론을 진행하고, 중간시험과 기말시험은 언제 어떻게 시행되는가를 알려 주는 공지항목이 있다. 강의계획서에 이와 관련된 내용이 있다고 하더라도 학생이 강의계획서를 수시로 참조하면서 일정을 점검하지 못할수도 있기 때문에 컴퓨터로 수업에 참여하면 바로 확인할 수 있도록 처음 여는 창에 공지사항이 배치되어 있다. 그럼에도 불구하고 일정을 놓칠 수도 있기 때문에 중요한 일정의 경우 학생의 휴대폰을 통해 문자로 공지하기도 한다. 그러나 기본적으로 학생은 교과목 운영과 관련하여 공지되는 내용을 수시로 확인하는 습관을 들일 필요가 있다.

학습을 위한 모든 지원에도 불구하고, 학습은 여전히 학생의 몫이다. 학습을 지원하는 체제가 학생의 학습을 보장해 주는 것은 아니다. 학생은 학습에 필요한 절대적인 시간을 확보하기 위해 노력해야 하고, 실제로 학습에 시간을 할애해야 한다. 그렇지 않으면 교과목 수강자로 등록만 되어 있을 뿐 실제로 학습은 진행되지 않은 결과가 초래된다. 이것은 원격교육 방식을 선택할 때 가졌던 결심과 소망에 배치되는 것이다. 일시적으로 학습에 어려움을 겪을 수도 있고, 지속적으로 학습을 방행하는 사태에 직면할 수도 있지만, 이를 극복하고 언제나 다시 학습하는 활동으로 되돌아오는 자세가 필요하다.

학습자 정보의 생성

교수는 학생의 학습을 직접 지켜볼 수 있는 위치에 있지 않다. 그러나 교수는 어떤 학생이 어떻게 학습하고 있는가를 알아야 하는 위치에 있다. 이것은 이후의 수업을 수정하거나 보완하는 단서를 얻기 위해서도 필요하고, 학생을 종합적으로 평가하기 위해서도 필요하다. 이러닝에서는 이것을 가능하게 하는 공학기술을 지속적으로 발전시켜 왔다. 그래서 교수는 한자리에서 학생이 학습하면서 남긴 흔적을 일일이 확인해 볼 수 있다. 학생들의 학습에 대한 세세한 정보를 다룬다는 점 때문에 원격교육에서는 정보 윤리가 특히 더 중요하다.

이러닝에서는 교수도 사진을 올리면서 자신을 소개하고, 학생도 사진을 올리면서 자신을 소개하는 항목이 있다. 그래서 접속하여 수강을 하거나 글을 남기는 사람이 누구인가를 상상하는 것이 가능하다. 일반적으로 학생은 자신이 현재 어디서 어떤 일을 하고 있고, 해당 교과목의 이수를 통해 무엇을 기대하는가에 대해 글을 써서 자신을 소개한다. 경우에 따라서는 가족 관계를 밝히기도 한다. 아주 간단하게 자신을 소개하고, 함께 해당 교과목을 이수하는 다른 학생들에게 인사하면서 학습을 잘하자고 권유하는 글을 남기기도 한다.

이러닝에서 학생이 접속하면 그 시점부터 기록이 남는다. 수업은 여러 화면으로 구성되어 있으며, 한 화면에서 차례로 다음 화면으로 이동하게 되어 있다. 예컨대 강의에 대한 개요를 보고, 강의를 듣고, 강의내용에 대한 이해 정도를 확인하는 문제를 풀고, 강의내용에 대해 요약한 것을 보고, 참고할 문헌을 확인해 보는 순서로 이동한다. 화면의 이동을 위해서는 버튼을 눌러야 하며, 이러닝에서는 이렇게 누른 조작의 흔적이 남게 되어 있다. 그래서 학생이 언제 접속해서 각 화면에서 학습하면서 얼마나 머물러 있었으며, 언제 접속을 끊었는가를 알 수 있다.

학생이 언제 교수에게 질문의 글을 남겼고 그 내용은 무엇인가, 학생이 다른 학생들에게 언제 어떤 글을 남겼고, 다른 학생들의 글에 대해 무슨 글을 남겼는가도 알 수 있으며, 횟수도 알 수 있다. 직접 수강하는 것에 관한 자료와 더불어 이러한 접속 자료들은 학생이 수업에 얼마나 적극적으로 참여하고 있는가, 즉 수업 참여도를 확인하는 근거가 된다. 이것은 원격교육에서 학생과 관련하여 가장 기본적인 자료가 된다. 다른 형태의 교육과 마찬가지로 원격교육도 학생의 적극적인 참여가 없다면 의미가 없기 때문이다.

이 자료는 또한 학생의 학습 양태를 파악하는 자료로도 활용될 수 있다. 이 자료를 통해 교수는 학생이 주로 어느 시간대에 학습에 참여하고, 한 번 참여할 때마다 어느 정도의 시간을 할애하며, 교수나 다른 학생과 소통하는 데 어떤 태도를 취하고 있고, 그 소통에서 주로 관심을 갖는 것은 무엇인가를 알 수 있다. 이것은 학생의 학습과 관련하여 내밀한 자료라고 할 수 있다. 학생의 학습 양태는 학습의 진전에 도움이 될 수도 있고, 학습의 진전에 걸림돌이 될 수도 있다. 예컨대 충분한 시간을 할애하여 강의를 듣지 않거나 교수나 다른 학생과 소통하는 것에 소극적이라면, 전자 때문에 강의내용을 제대로 이해하지 못할 수도 있고, 후자 때문에 강의내용을 제대로 이해하는 데 도움을 받을 수 있는 기회를 놓칠 수 있다.

이러닝에서는 과제 성격의 토론이나 중간시험과 기말시험에 부여된 점수의 기록이 남는다. 이러한 점수는 수업참여도에 부여된 점수와 합산되어 최종적인 평가 점수가 되고, 이 최종 평가 점수는 다시 등급으로 표기된다. 따라서 교수는 개별 학생이 평정의 대상이 되는 항목에서 받은 점수가 각 항목별로 다른 학생들과 어떤 차이가 있는가를 확인할 수 있다. 이 정보는 학생이 특정 평가 항목에 대해 어려워하고 있거나, 그 항목을 상대적으로 소홀히 한 것으로 판단하는 잠정적 자료가 된다.

학업진척상황에 대한 안내 및 상담

대학에서 학생을 상대로 해서 교수가 해야 하는 일은 학생을 가르치는 것뿐만이 아니다. 대학에서 학생은 모든 것을 스스로 알아서 해야 한다고 말하지만 이것이 어떤 조력도 있어서는 안 된다는 것을 의미하는 것은 아니다. 대학을 포함하여 모든 학교에서 학생은 조력을 필요로 한다. 그중 대표적인 것이 학업과 관련된 것이다. 학업은 학교에서 학생이 해야 하는 일이며, 물론 이 일 가운데 대표적인 것은 교과목에 대한 학습이다. 교과목 학습에 충실해야 하는 것은 학생의 가장 중요한 본분에 해당하는 것이다.

교과목 학습에 충실한 것이 학생의 본분이라고 해도 이 본분을 수행하는 방식이나 역량에는 학생들 간에 개인차가 있다. 이러한 개인차는 학생들의 성장 배경이 다르고, 학습여건이 다르며, 학습을 해 온 경로가 다르기 때문에 당연한 것이다. 이것은 학생들이 대학입시를 향해 거의 동일한 과정을 거친다고 하더라도 도외시할 수 없는 사실이다. 그러므로 교수가 어떤 절대적인 지점을 설정해 놓고 모든 학생에게 똑같이 한 지점에 도달하도록 하는 것은 의미가 없다.

교수 자신이 교과목을 개설하고 운영하면서 여기에 자신의 문제의식을 반영하고 있기 때문에 문제의식은 매우 중요하다. 이 점에서 학생이 현재 분명한 문제의식을 가지고 있다면 그것을 다양한 경로로 치밀하게 풀어 나가게 하고, 문제의식이 부족하다면 문제의식을 가질 수 있도록 조력하는 것이 중요하다. 이 과정에서 교수는 자신의 학문을 잇는 후속세대를 발굴할 수도 있고, 자신의 학문을 잇는 것은 아니지만 학문계에서 두각을 나타낼 인재를 발견할 수도 있다. 이 정도는 아니라고 하더라도 자신이 하는 학문의 가치를 인정하고 이를 마음으로 후원하는 세력을 만드는 것은 매우 중요하다. 이 점에서 교수가 학생들의 학업에 관심을 가지고 지원하는 것은 중요한 책무가 된다.

교수와 학생은 한 학기 동안 교육적 관계를 맺는다. 교수는 앞서 언급한 것처럼 학생이 남긴 모든 흔적을 접속 정보로 확인할 수 있으며, 이 자료는 한 학기 동안 축적된다. 따라서 교수는 개별 학생의 학업의 흐름과 학습의 특성을 파악할 수 있는 위치에 있다. 그리고 그 흐름과 특성에 의미를 부여할 수 있다. 교수는 학생이 지나온 경로를 함께 거쳐 왔을 뿐만 아니라 이미 앞서 지나간 수많은 학생들의 경로에 대한 정보를 가지고 있다. 따라서 개별 학생이 현재 어떤 위치에 있고, 그 위치가 의미하는 바가 무엇이며, 앞으로 진전하기 위해 무엇을 어떻게 하는 것이 적절한가에 대한 식견을 가지고 있다. 이 식견은 교수의 교육 전문성을 드러내는 핵심적인 요소가 된다.

교수는 학생에 대한 정보와 자신의 식견을 토대로 개별 학생에게 학업 진척과 관련하여 전문적인 조언을 할 수 있다. 여기서 그의 학업진척상황을 안내해 주는 것이 선행될 수 있다. 다시 말하면 정량적인 수치들을 제시해 주고, 그 수치가 의미하는 바를 설명해 주고, 더 나아가 정성적으로 해석해 낼 수 있는 사항들에 대해 언급할 수 있다. 이것은 해당 학생과의 상담으로 이어질 수 있다. 이것 자체는 교과목에 대한 수업에서 벗어나 있는 것이다. 그러나 교과목 수업을 뒷받침하는 중요한 활동이 될 수 있다.

이러닝은 이것이 가능하도록 진화되어 왔다. 교수가 학생에게, 학생이 교수에게 쪽지나 메일을 보낼 수 있다. 그리고 그러한 쪽지나 메일에 서로 응답할 수 있다. 그리고 별도로 학생이 교수에게 상담을 요청하는 항목도 있다. 이 항목은 모든 학생에게 공개되지 않으며, 교수와 당사자만 볼 수 있다. 개별 학생과 이러한 소통을 하기 위해서는 먼저 그에 관한 정보를 분석하고 해석해야 한다. 여기에도 시간이 필요하며, 실제 소통에도 시간이 소요된다. 따라서 교수는 교과목에 대한 강의를 포함한 수업뿐만 아니라 학생지도를 위한 시간을 할애해야 한다. 바로 이 지점이 원격으로 진행되는 교육임에도 불구하고 그것을 교육이라고 말할 수 있는 이유가 되며, 무엇보다도 이러닝에서 주목하여 계속 발전시키려는 지점이다.

튜터의 매개

대학에서 학생은 고등학교에서 다룬 교과내용의 수준보다 한 단계 높은 수준을 다룬다. 수준이 높다는 것은 학생이 이전 수준과의 대비를 통해 알 수 있다. 교과내용의 수준이 고등학교와 다르기 때문에 교수가 학생을 가르치는 방식도 다를 수 있다. 고등학교와 다른 수준의 교과내용과 그것을 다루는 다른 방식 때문에 학생은 대학에 입학하여 어려움을 겪을 수 있다. 따라서 입학 초기에는 대학의 관행에 익숙해지는 사회화가 필수적으로 요청된다.

사회화에도 수준이 있다. 입학 초기에는 대학의 관행을 따르는 것이 어색할 수밖에 없다. 그러나 시간이 흐를수록 대학의 관행을 따르는 것에 익숙해진다. 그래서 특별히 의식하고 노력하지 않아도 대학의 관행을 따르는 데 어려움을 겪지 않는다. 이 정도 되면 선배로서 후배를 맞게 된다. 그래서 선배로서 후배에게 대학의 관행에 대해 설명하고 시범이나 모범을 보일 수 있다. 요컨대 대학의 관행에 대해서도 가르치고 배우는 교육이 가능하며, 이 교육을 통해 대학의 관행에 대한 앎과 실천의 수준을 끌어올릴 수 있다.

이 점을 고려하여 원격교육체제에서는 학생이 대학생활을 포함하여 교과목 이수에 좀 더 원활하게 적응할 수 있도록 튜터를 배치하기도 한다. 처음부터 튜터를 배치하는 것을 전제로 교과목을 개발하기도 하고, 교과목을 개발한 이후에 튜터를 배치하기도 한다. 전자의 경우에는 교과목에서 다루는 교과내용에 대한 전문성도 염두에 두고 튜터를 배치하게 되며, 후자의 경우에는 교과내용에 대한 전문성을 전제로 하면서도 교과목을 이수하는 학생들의 수강활동을 조력하는 것에 좀 더 비중을 두고 튜터를 배치하게 된다.

학생의 질문 중에는 튜터 선에서 간단하게 답할 수 있는 질문도 있고, 교수 선에서 좀 더 전문적으로 답해야 하는 질문도 있다. 따라서 교수와 튜터는 학생의 질문에 응답하는 동일한 기능에 대해 역할을 분담하게 된다. 대학생활 초기에는 학생의 질문 중에는 후자 성격의 질문 못지않게 전자 성격의 질문이 많다. 그래서 이러한 질문에 대해서는 교수가 직접 대답하기보다는 튜터가 중간에서 매개하여 대답하게 된다. 그만큼 튜터는 교수에 비해 상대적으로 학생들과 좀 더 밀착되어 있다고 말할 수 있다.

이러한 튜터의 위치 때문에 튜터는 교수에게 조력할 수 있는 여지가 있다. 튜터는 교수가 학생에게 토론 과제를 부여하거나 시험 성격의 문제를 제시할 때 그 내용이 학생에게 얼마나 잘 이해될 수 있는지 학생의 현 수준에 비추어서 판단을 할 수 있다. 튜터는 이 판단에 기초하여 교수에게 제언을 한다. 그러면 교수는 튜터의 의견을 참조하여 전달내용을 수정하게 된다. 이 수정은 학생에게 지시하는 내용을 좀 더 명료하게 표현하거나 세부적으로 작업의 절차를 명시하는 방식으로 이루어진다.

일과 병행하여 교과목을 이수하는 학생의 경우 정해진 기간에 해당 차시 학습을 위한 접속을 미루어야 하는 상황이 발생한다.

이러한 상황은 과제 성격의 토론을 하거나 보고서를 제출하는 경우에도 발생할 수 있다. 튜터의 경우에는 모든 학생의 접속 상태를 거의 매일 점검하기 때문에 이러한 상황에 처해 있을 것으로 예상되는 학생에게 메일이나 전화로 연락을 하고, 학생이 접속을 하여 학습을 하고 토론에 참여하고 보고서를 제출하도록 독려한다. 그럼에도 불구하고, 많은 학생이 유사한 어려움을 겪는 경우 이를 담당교수에게 알리고 기한을 조정할 것을 건의하기도 한다.

오프라인 모임 지원

원격교육이 원격으로 진행하는 교육이기는 하지만, 원격교육체제를 운영하면서 오프라인 모임을 포함시키기도 한다. 이러닝의 경우 컴퓨터를 켜야만 원격교육체제에 접속할 수 있다는 점에서 전선이 연결된 상태에서 진행되는 교육이라는 의미의 '온라인교육'이라는 말이 등장하였다. 이에 대비되는 용어는 '오프라인교육'이다. 오프라인 모임이 온라인 수업 설계 속에 포함되어 있다는 점에서 온라인과 오프라인이 결합된 '블렌디드교육'이라는 말도 등장하게 되었다. 면대면으로 진행하는 일반 교육의 경우에도 온라인 활동을 결합시키고 있다는 점에서 온라인과 오프라인이 결합된 '블렌디드교육'의 형태로 변화하고 있다.

원격교육에서는 기본적으로 원격을 전제로 수업이 설계되고, 원격교육은 원격으로 모든 것이 처리될 수 있는 체제 속에서 운영된다. 이 점에서 오프라인 모임은 원격교육에서 본질적인 것이 아니라고 할 수 있다. 그러나 아무리 원격교육이라고 하더라도 그것을 운영하는 체제는 문화의 영향을 받게 된다. 블렌디드교육은 그 전형적인 예라고 할 수 있다. 블렌디드교육은 순전히 원격으로만 진행하는 것보다는 어떤 형태로든 오프라인에서 만나서 면대면으로 교류하는 것에 대한 선호가 존재하기 때문에 이를 교육체제 설계 속에 포함시킨 것이다.

오프라인 모임은 학생들이 온라인에서 소통하는 가운데 뜻을 모아 언제든 가질 수 있다. 서로 가까이 살고 있는 것을 확인하고 오프라인에서 만나거나 조별로 보고서 과제를 준비하면서 조원들끼리 논의하기 위해 오프라인에서 만날 수 있다. 이것은 성격상 임의적인 것이다. 다시 말하면, 그 모임 자체가 원격교육체제 속에서 공식화되어 있지 않다는 것이다. 따라서 여기에 별도의 공식적인 지원이 수반되지는 않는다.

대학에서는 신입생을 대상으로 전체 오리엔테이션을 할 뿐만 아니라 전공 단위 또는 학과 단위로 오리엔테이션을 한다. 후자의 경우 교수와 신입생만 참석하는 것이 아니라 튜터와 선배도 참석한다. 선배는 튜터의 역할과 중복되지 않는 범위 안에서 후배에게 멘토로서 중요한 역할을 할 수 있다. 선배가 현재 어떤 경로를 걷고 있고, 어떻게 삶을 살아가고 있는가 하는 것 자체가 후배들에게는 중요한 참조 또는 본보기가 될 수 있다. 학생에게 오리엔테이션은 대학생활에 대해 안내하는 것을 들을 뿐만 아니라 대학교육에 참여하고 있거나 대학교육에 참여했던 사람들이 자아내는 분위기를 접할 수 있는 기회가 된다.

교과목을 이수하는 과정에서 중간에 공식적으로 오프라인 모임을 갖기도 한다. 이 모임에 대해서는 일반적으로 '세미나' 또는 '워크숍'이라는 명칭을 부여한다. 담당교수는 교과목에 대한 수업을 진행하면서 자신의 문제의식을 풀어 나가고, 여기서 다양한 전문가들의 의견을 참조한다. 여기에는 담당교수가 다루는 주제와 관련하여 다양한 견해가 있다는 전제가 있다. 담당교수는 그 견해 중 학생이 좀 더 참조할 만한 견해를 선택하고 그 견해를 대표하는 전문가를 초빙하여 학생들에게 그 견해를 자세하게 들을 수 있는 기회를 제공할 수 있다. 또한 교과목 중에는 실험이나 실습이 필요한 교과목이 있다. 이런 교과목의 경우에는 적어도 한 번은 함께 모여 같이 실험하거나 실습을 하면서 관련된 내용에 대해 심도 있는 논의를 하는 기회를 가질 필요가 있다. 이것은 워크숍의 형태로 진행하며, 이 워크숍에 대한 계획과 운영 역시 담당교수가 한다.

대학에서 교과목 이수는 학기 중에 한다. 그러나 학기가 끝난다고 해서 대학교육이 중단되는 것은 아니다. 이 점을 고려하여 대학에서는 전공이나 학과 단위로 재학생 전체를 대상으로 또는 재학생과 졸업생이 다 참여하는 모임을 마련한다. 이 모임은 '학술토론회'나 '학술세미나'의 형식을 취할 수도 있고, '워크숍'의 형식을 취할 수도 있다. 전자는 전공이나 학과에서 주된 관심을 기울이고 있는 주제에 대해 심도 있는 논의를 할 수 있는 기회를 제공하는 것이고, 후자는 전공이나 학과와 관련되어 있는 현장에서 요구되는 능력에 초점을 맞추어 그 능력을 좀 더 향상시킬 수 있는 기회를 제공하는 것이다. 이러한 맥락에서 선배들도 참여하는 모임의 경우 학계와 현장의 소통이라는 의미도 있다.

chapter 2

일과 병행하는 학습의 과정

일과 병행하는 학습의 과정

1. 일과 학습의 선순환

　인간은 일반적으로 일정 기간 직업세계에서 일을 한다. 이 직업세계에서 요구되는 능력이 있어 이를 갖추기 위해 학습을 하게 되고, 직업세계에 진입한 이후에도 계속 요구되는 능력을 한편으로는 갖추고 다른 한편으로 향상시키기 위해 노력한다. 일을 하고 학습을 하는 것이 별개로 진행되기도 하지만 좀 더 길게 보면 이 일은 별개로 진행되지 않는다. 그래서 양자는 선순환될 필요가 있다.

　이 절에서는 직업세계에서 일과 학습을 선순환시키는 맥락에 대해 논의한다.

학습에서 일로 이행하는 맥락

　인간이 어떤 준비 과정도 없이 직업세계로 진입하는 경우는 없다. 최소한의 사회화 과정을 거쳐야 다른 사람들과 더불어 활동할 수 있으며, 교육의 과정을 거쳐야 사회화에 필요한 앎을 포함하여 다양한 맥락에서 필요로 하는 앎의 수준에 도달할 수 있다. 그런 연후에야 직업세계에서 자신의 수준에 맞는 일을 시작할 수 있다.

일정한 체계가 갖추어져 있는 장에서 일을 할 때 순전히 임의적으로 일을 하는 것이 불가능한 것은 아니지만 적합한 것은 아니다. 그 장 자체가 하나의 체제로 이루어져 있어서 진입을 위해서는 사전 절차가 필요하다.

우리나라의 경우 고등학교 단계에서 일반계와 전문계의 구분이 있고, 일반계는 대학에 바로 진학하고, 전문계의 경우 직업세계에 진입하기 위한 준비를 하는 것으로 설계되어 있다. 그러나 개별적으로 일반계를 졸업하고 직업세계에 바로 진입할 수도 있고, 전문계를 졸업하고 바로 대학에 진학할 수도 있다. 후자의 경우 전문계임에도 불구하고 대학진학을 선호하여 실제로 다수가 대학에 진학함으로써 직업세계로 진입하는 연령이 늦추어지는 것이 사회적인 문제로 부각되기도 한다.

직업세계는 세계적인 흐름과 맞물려 급변하고 있다. 이와 관련하여 특정한 직무에 필요한 능력을 넘어서는 상태에서 직무에 진입하거나 정작 그 직무에 필요한 능력을 제대로 갖추지 못한 상태에서 직무에 진입하는 불일치의 문제도 사회적인 문제로 부각되고 있다. 일반적으로 전자는 학력의 초과 문제로, 후자는 학력의 부실 문제로 부각되고 있다. 전자의 학력(學歷)은 학교교육에 참여한 경력을 의미하고, 후자의 학력(學力)은 학교교육을 통해 획득한 능력을 의미한다.

엄격하게 말하면, 인간은 누구나 직업을 갖게 된다는 의미에서 은퇴하기 이전의 모든 교육을 직업교육의 맥락에서 이해할 수 있다. 일반적으로 국민이라면 누구나 참여해야 하는 기본적이고 기초적인 교육이라는 것도 직업교육을 위한 기초교육으로 이해할 수 있다. 이것은 직업교육을 특정한 사람만 참여하는 교육으로 한

정하지 않고 누구나 참여해야 하는 교육으로 파악하는 연장선상
에 있다. 이렇게 보면 고등학교 단계에서 일반계와 전문계를 구분
하는 것은 잠정적인 것이다.

상대적으로 좀 더 일찍 직업세계에 진입하든, 좀 더 늦게 직업
세계에 진입하든 진입 이전까지 형성하고 향상시킨 앎의 수준을
염두에 두고 직업세계에서 특정한 분야를 선택하게 된다. 인간으
로서 삶을 살아가는 데 필요한 가장 기본적이고 기초적인 것만으
로 직업세계에서 역량을 발휘하는 데는 한계가 있다. 좀 더 전문
적인 분야에서 필요로 하는 능력을 형성하고 향상시키는 노력이
필요하고, 실제 직업세계에 진입할 때는 바로 이 능력의 수준이
관건이 된다.

인간이 개척해 온 전문적인 분야는 수없이 많다. 그러면 어느
분야에 진입해 들어갈 것인가? 여기서 고려해야 하는 것이 자신
의 적성이나 소질이다. 누구나 특정한 적성이나 소질을 가지고 있
는 것도 아니고, 누구나 동일한 수준으로 적성이나 소질을 개발할
기회를 갖는 것도 아니다. 따라서 자신의 적성이나 소질이 무엇이
고, 현재 자신이 어느 수준에 있는가를 가늠해 보는 것이 직업세
계에 진입할 때 무엇보다 중요하다. 이 점에서 직업교육은 별도로
이루어져야 하는 것이 아니라 국민기초교육 단계에서 함께 이루
어져야 한다.

그럼에도 불구하고 우리나라에서 자신의 적성이나 소질을 발견
하고 개발하는 것이 체계적으로 이루어지고 있지는 않다. 오히려
이와 관계없이 단순히 선호를 따라 전문적인 분야를 선택하는 것
이 거의 상식이 되어 있다. 그러나 직업세계에 진입한 이후 자신
의 적성이나 소질에 맞지 않는다는 것을 뒤늦게 깨닫고 그때서야

비로소 자신의 적성이나 소질을 탐색하고 이에 맞는 전문적인 분야를 찾아 유목하는 흐름이 나타나기도 한다. 상대적으로 일찍 자신의 적성이나 소질을 확인하고 이에 적합한 전문적인 분야를 선택하여 체계적으로 준비한다면 시행착오를 최대한 줄일 수 있다는 점에서 의미가 있다.

일에서 학습으로 이행하는 맥락

직업세계에 진입한 이후 어떤 상황에서도 아무런 문제없이 잘 적응하는 것은 쉽지 않다. 왜냐하면 직업세계에 진입하기 전에 해당 직업세계의 세부적인 사항까지 고려하여 미리 준비하는 것에는 한계가 있기 때문이다. 직업세계에 진입한 이후에는 일차적으로 그 직업세계에 적합한 방식으로 사회화되는 것이 필요하다. 사회화는 어느 세계에 진입하든지 일차적으로 거쳐야 하는 것이다. 특정 직업세계에서도 하위세계들이 존재하고 이 하위세계들에 적합한 방식으로 사회화되어야 하는 일종의 압력은 언제나 존재한다.

사회화는 주로 다른 사람들과의 관계 속에서 특정한 일을 하는 과정에서 요구되는 규칙들을 내면화하는 것이다. 그 규칙들이 무엇인가를 알고, 언제 어떻게 적용되는가를 익히며 규칙들을 자유자재로 활용할 줄 아는 것이 필요하다. 여기에도 앎의 수준 문제가 개입되어 있다. 따라서 직업세계에 진입한 이후에는 언제 어디서 무엇을 어떻게 해야 하는가에 대한 앎의 수준을 계속 끌어올리는 배움의 노력을 게을리해서는 안 된다. 경력이 쌓이고 그래서 대부분의 일들을 다른 사람들과의 관계 속에서 거의 자동적으로 처리할 수 있다면 그것은 사회화가 잘된 것이다.

직업세계에서 직무의 전문성에 해당하는 것을 사전에 학습했다고 하더라도 관련된 지식을 언제 어떻게 어떤 방식으로 활용하고 이에 적합한 태도가 무엇인가에 대해 세세한 수준까지 학습하는 것은 아니다. 그러므로 구체적인 사태에 적합한 지식과 기술과 태도가 어떻게 맞물려 요구되는가를 확인하고 이에 적합하게 대처하는 방법을 익혀야 한다. 여기서 발휘되는 것이 바로 능력 또는 역량이다. 그러므로 직업세계에 진입한 이후 이러한 능력이나 역량의 수준을 끌어올리기 위한 노력을 게을리해서는 안 된다. 경력이 쌓이고 그래서 언제 무엇을 어떻게 해야 하는가를 해박하게 알게 되면 그는 적어도 그 분야에서 베테랑이 된다.

이 과정에서 이미 자신이 알고 있는 것을 활용하는 것만으로 충분한 경우는 없다. 언제나 새롭게 무엇인가를 익히지 않으면 안 된다. 이를 위해 직업세계에서는 선임자와 후임자 간의 도제식 교육을 활성화시키기도 하고, 업무 영역별로 직무교육기회를 제공하거나 전 직원들을 대상으로 연수를 진행하기도 한다. 경우에 따라서는 해당 직장 밖에서 진행되는 다양한 교육기회를 활용하기도 한다. 직장 내에서 새로운 지식이나 기술을 생성해 나가는 것보다 직장 밖에서 발전시킨 새로운 지식이나 기술을 활용해야 하는 위치에 있다면 직장 밖에서 교육기회를 찾는 것은 불가피하다.

한 직업세계 안에서 그 직업세계에 필요한 모든 것을 발전시켜 나가는 것은 거의 불가능하다. 그 정도로 자족적인 세계는 현대에 와서는 거의 불가능하게 되었다. 이미 직업 자체가 대단히 분화되어 있고, 직업세계에 필요한 것들을 뒷받침하는 분야나 영역들 역시 대단히 분화되어 있다. 이 모든 것이 서로 맞물려서 돌아가고 있기 때문에 서로 연계하고 협력하는 것은 불가피하다. 기능과 역할이 분화되면 될수록 이를 연계할 필요성도 커지게 된다. 직업세계에 필요한 교육 역시 예외가 아니다.

직업세계에서 일을 하면서도 학습은 계속 일어난다. 그러나 이 학습을 통한 진전에는 두 가지 측면에서 한계가 있다. 하나는 교수자 측면이다. 직원을 가르치는 위치에 있는 사람들이 새롭게 더 배워야 할 것이 있다고 판단되지만 자신은 그렇게 할 여건이나 역량이 되지 않는다고 보고 역량이 되는 특정한 직원에게 그 여건을 마련해 주는 것이다. 다른 하나는 학습자 측면이다. 가르치는 위치에 있는 사람들이 어떤 판단을 하기 이전에 자신이 새롭게 더 배워야 할 것이 있다고 판단하고 그것이 가능한 여건을 모색하는 것이다. 전자든 후자든 직장 밖에서 그 기회를 찾을 수밖에 없는 공통점이 있다.

여기에는 두 가지 방식이 가능하다. 하나는 직무를 수행하면서 별도로 배움의 기회를 갖는 것이고, 다른 하나는 직무의 수행을 잠시 중단하고 전적으로 배움에 참여하는 것이다. 학습을 하는 입장에서는 후자가 매력적일 것이다. 그러나 직업세계에서 직무의 발전이라는 전제 아래 논의하는 맥락에서는 전자든 후자든 직장에서의 후원이 필요하다. 직업세계는 스스로 발전할 수 없다. 그 세계에 참여하는 사람들의 발전을 바탕으로 발전할 수 있을 뿐이다. 그러므로 직원의 배움을 후원하는 것이야말로 핵심적인 투자가 된다.

학습의 결과를 일에 활용하기

어느 누구도 백지 상태에서 직무에 임하지는 않는다. 일반적으로 선지식 또는 선이해의 토대 위에서 직무에 임하게 된다. 직업세계에 진입하기 전에 필요한 준비를 한다는 것을 전제로 하면 실제로는 그 수준이나 적합성에 관계없이 자신의 앎의 체계를 가지고 이를 직무에 활용할 것이다. 따라서 직무를 수행하는 과정은 자신이 이미 알고 있는 것을 적용해 보고, 적합하지 않은 것은 수정하고, 미처 모르고 있었던 것은 새로 배워 나가는 과정이라고 할 수 있다.

개념적인 논의에서는 그 논의의 전제와 함의를 추구하는 논리적 작업을 하게 된다. 이 논의가 현실에서 벌어지는 일이기는 하지만 현실을 관찰하거나 현실에 어떤 개입을 하는 일이 수반되는 것은 아니다. 그만큼 그것은 추상적인 것이다. 학교교육 단계에서 실험이나 실습, 또는 현장견학을 하기도 하지만 교과내용으로 다루는 것이 현실 속에서 어떻게 작동되는가를 일일이 확인해 보는 방식을 취하는 것은 아니다. 따라서 학교교육 단계에서 알게 된 것은 피상적인 수준에 머물 수 있다.

그럼에도 불구하고, 직업세계에서 벌어지는 일들을 대략적으로 파악할 수 있는 것은 그것을 가능하게 하는 개념체계가 있기 때문이다. 정확한 개념이나 이름이 없다고 하더라도 지시어만 존재하면 우리는 그 지시하는 대상을 지각할 수 있다. 그런 지시어조차 없다면 우리는 해당되는 사물이나 현상을 지각할 수 없다. 직업세계에 진입하기 전에 배우는 모든 것들이 직업세계에서 돌아가는 일들을 파악하는 데 활용된다.

직업세계에 진입하기 전에 알고 있는 것은 직업세계 속에서 형성해 낸 것이 아니기 때문에 직업세계 속에서 조정되는 과정을 거치게 된다. 개념적으로만 알고 있는 것이 구체적으로 어디서 어떻게 쓰이는가를 알아 가게 되면서 그 앎이 좀 더 구체성을 띠게 된다. 또한 서로 막연하게 관련되어 있다고 알고 있던 것이 구체적으로 어떻게 관련되어 맞물려 돌아가는가를 알아 가게 되면서 이에 관한 앎도 좀 더 구체성을 띠게 된다. 이것은 교과서만으로는 도저히 배울 수 없는 것이다. 이렇게 좀 더 구체적으로 알게 된 것은 직업세계에서 자연스럽게 직무에 반영되어 활용된다.

이렇게 앎이 구체화되면 될수록 이전의 앎과의 비교 속에서 이전의 앎을 수정해야 하는 상황이 발생하게 된다. 이러한 상황 속에서 의식적으로 수정하기도 하지만, 거의 무의식적으로 수정이 진행되기도 한다. 전자는 앎의 과정의 역동성을, 후자는 앎의 중층성을 보여 주는 것이다. 특히 직업세계에 진입하게 되면 이전에 중요하게 생각하던 것의 우선순위가 달라지게 된다. 우선순위에서 밀려나는 것에 특별히 주목하지 않는다면 거기에 일어나는 수정은 의식조차 되지 않는다.

직업세계는 고정되어 있지 않으며, 따라서 이 세계에서 요구되는 앎 역시 고정되어 있지 않다. 끊임없이 새로운 앎에 대한 지향과 요구가 있다. 학교교육 단계에서 배운 것은 학교교육 단계에서 다루어야 할 것으로 정리된 것이기 때문에 이미 시점에서 과거에 해당하는 것이다. 그것이 현재에도 여전히 유용한 것일 수도 있지만, 현재의 시점에서 새롭게 배워야 할 것과의 간극은 있게 마련이다. 그러므로 새롭게 배워야 할 것들을 지체 없이 배워 활용해야 한다. 그렇지 않으면 직업세계에서의 개인적 지체 문제를 피할 수 없다.

직장 내에서 또는 직장 밖에서 다양한 배움의 기회를 갖는다면 여기에는 그 결과를 직무에 바로 활용한다는 전제가 있다. 새롭게 배우기는 하지만 그 결과 알게 된 것을 활용할 기회를 갖지 못한다면 그것은 개인에게나 조직에 손실이 될 수도 있다. 그러므로 직업세계의 전체적인 흐름 속에서 개인적인 학습설계뿐만 아니라 조직 차원에서의 학습설계도 필요하다. 직업세계에서는 개인 차원뿐만 아니라 조직 차원의 필요가 존재하기 때문이다.

학습의 결과로 직무를 관리하기

직업세계에서는 언제나 학습이 필요하다. 학습이 필요하지 않은 직업세계는 존재하지 않는다. 그러나 그 학습을 직업세계에서 어떻게 활용하고 얼마나 존중하는가는 조직의 문화와 맞물려 있다. 학습을 별도로 해야 하는 것으로 규정하거나 일종의 형식적인 일로 규정한다면, 학습의 결과를 실질적으로 공인받기는 어려울 것이다. 일상적인 학습뿐만 아니라 별도의 학습 역시 매우 중요하다고 인식하고, 그 결과가 어떻게든 공식적으로 드러날 수 있도록 여건을 조성한다면 후자의 학습도 활성화될 것이다.

경영의 관점에서 인적 자원 개발의 중요성은 늘 강조되어 왔다. 유능한 인재가 발휘하는 역량에 따라 생산력이 높아지고 높은 부가가치가 창출될 수 있기 때문이다. 이 점에서 인적 자원을 개발하기 위한 다양한 전략들도 논의되어 왔다. 여기서 인적 자원은 사람이 가지고 있는 자원을 말하며, 이 자원은 능력과 같이 활용할 가치가 있는 것을 의미한다. 그러나 인적 자원 개발에 대한 논의는 그렇게 개발된 인적 자원을 어떻게 활용할 것인가에 대한 논의로 이어져야 한다. 이것이 인적 자원 관리에 대한 논의이다.

인적 자원의 관리는 인적 자원을 적재적소에 배치하는 것이 관건이다. 직업세계에서 다양한 배움의 기회를 갖고 앎의 수준이 높아지고 능력의 수준이 향상되었음에도 불구하고 향상된 능력을 발휘할 수 있는 기회를 도저히 가질 수 없는 위치에 계속 머무르게 한다면 그것은 개인이나 조직에 모두 손실이 아닐 수 없다. 학습의 결과 갖게 된 능력에 관계없이 배치가 이루어진다면 이는 조직의 활력을 떨어트리고 학습의 문화가 형성되지 못하게 하는 요인이 된다.

직업세계에서 각 개인의 학습 결과는 일차적으로, 개별적으로 그의 앎의 체계 속에 통합된다. 그리고 조직 차원에서 개인이 언제 어디서 어떤 학습에 참여했고, 어떤 성취를 보였는가가 별도의 파일로 누적된다. 그러나 이러한 누적은 개인적인 앎을 조직적인 앎으로 통합해 내는 것을 보장해 주지 않는다. 그러므로 이를 위한 별도의 관행을 마련하고 정착시켜 나가야 학습을 중시하는 학습 중심의 문화를 형성해 나갈 수 있다.

직업세계에서 중요한 위치에 있는 사람이 발휘하는 역량은 매우 중요하다. 그러나 그 한 사람의 역량만으로 직업세계가 지속적으로 발전할 수 있는 것은 아니다. 그 역량을 뒷받침하는 수많은 역량이 필요하다. 이러한 서로 다른 수준의 역량이 어우러져서 조직의 발전이라는 상승효과가 나타나게 된다. 역량은 배움을 통해 함양되고 향상된다는 점에서 직원 전체의 배움에 대한 관리가 필요하다. 직업세계에서 배움은 직무와의 관련 속에서 진행되고 관리되어야 한다.

직무분석을 통해 각 직무마다 어떤 능력이 필요한가를 정리할 수 있다. 그리고 직무 자체가 변하기 때문에 이에 따라 요구되는 능력이 어떻게 달라지는가도 정리할 수 있다. 직원을 채용할 때는 바로 이 능력을 제대로 갖추고 있는가에 초점을 맞추어 심사해야 할 것이다. 그리고 직무에서의 향상된 능력에 따라 그 능력에 합당한 업무 또는 직책을 배정해야 할 것이다. 조직 차원에서 새롭게 배울 필요가 있는 것이 있다면 역량이 있는 직원을 선발하여 그 기회를 갖게 하고 그 학습결과를 활용할 수 있도록 기회를 제공해야 할 것이다.

직업세계에서는 실무자에서 관리자로의 직급 향상이 있다. 그리고 여기에는 여러 단계가 있다. 몇 개의 단계가 존재하든 단계를 넘어설 때 직무가 달라지게 되고, 이에 따라 요구되는 능력도 달라진다. 이 능력을 갖추지 못하면 관리자로서 역할을 제대로 수행할 수 없다. 이 능력에는 반드시 지도력이 포함된다. 그리고 지금까지 논의한 맥락에서 보면, 직원들에게 학습기회를 제공하고, 학습의 결과를 활용할 수 있도록 적재적소에 배치하는 역량도 포함된다.

제도적인 장치들

직업세계에서는 조직의 생산력과 관련하여 일과 학습의 선순환이 지속적으로 강조되어 왔다. 일하면서 필요에 의해 학습에 참여하고, 그 학습의 결과를 일에 반영하고, 이것이 지속적으로 순환될 수 있도록 하는 것이 바로 일과 학습의 선순환이다. 이를 위한 제도적인 장치들도 마련되어 왔다. 연수가산점제, 학습휴가제, 이전학습인정제, 학습조직에 대한 공인이 그 대표적인 예이다.

일에 매몰되다 보면 새로운 배움의 기회를 갖는 것을 기피할 수도 있다. 이를 방지하기 위해 새로운 배움을 위한 연수에 지속적으로 참여하게 하고, 이를 점수화하여 이를 승진심사에서 가산하는 것이 연수가산점제이다. 승진에서 중요한 심사항목에 포함되기 때문에 일부러 시간을 내서 필요한 연수에 참여하는 노력이 하나의 관행으로 정착된다. 그러나 그 필요가 단순히 승진의 필요를 넘어서서 업무와 관련된 능력의 향상에 초점을 맞추어 체계적으로 충족시키는 필요일 때 더 의미가 있을 것이다.

일에 집중하다 보면 새로운 배움의 기회를 갖는 데 어려움을 겪을 수도 있다. 한 개인이 새로운 학습의 기회를 별도로 갖기 어려울 때 이를 제도화한 것이 학습휴가제이다. 학습을 위한 휴가를 인정하고, 이것을 단순히 업무에서 벗어나 쉬는 것으로 규정하지 않고 좀 더 업무를 잘하기 위해 배움에 참여하느라 업무수행을 잠시 중단하는 것으로 규정하는 것이다. 이 학습휴가는 유급의 형태로 제공될 수도 있고, 무급의 형태로 제공될 수도 있다. 그러나 급여가 지급되는 가운데 갖는 학습휴가라면 이것은 유급휴가에 가깝다고 볼 수 있다. 별도의 학습을 위한 장기간의 파견도 일종의 학습휴가라고 할 수 있다. 공무원 사회에서의 고용휴직이나 군에서의 위탁생 프로그램도 이에 포함시킬 수 있다.

교과목의 형태로 이수하고 학점을 부여받은 것만 인정하지 않고 이전에 학습한 것으로서 일정한 수준에 도달한 것으로 판단되는 것에 대해 공인하는 것이 이전학습인정제이다. 따라서 일정한 수준에 도달했다는 판단을 위해 수집한 자료에 대한 전문적인 검토가 이전학습인정제에서 관건이 된다. 이전학습인정제는 대학이 열린 체제를 지향하고 직업세계와의 연계를 추구하면서 공식화된 것이다. 교육의 관점에서는 현재의 앎의 수준에서 다음 앎의 수준으로 나아가는 것이 중요하다. 이전에 다양한 방식으로 학습한 결과 도달한 앎의 수준에도 불구하고 이를 전적으로 도외시하고 이미 도달한 수준에 이르는 학습을 설계하는 것은 엄밀한 의미에서 반교육적인 것이기도 하다.

지속적인 학습이 강조되고 그 중요성이 인정되면서 조직을 학습조직으로 전환하는 시도들도 나타나고 있다. 이러한 시도를 통해 조직이 활력을 얻게 되고, 생산력도 높이게 된다면 그것은 바람직한 것이다. 학습조직은 교육기관이나 시설 또는 단체에만 해당되는 것은 아니다. 행정기관이든 의료기관이든 기업이든 다 학습조직이 될 수 있다. 조직 전체가 하나의 학습조직처럼 작동되도록 설계할 수도 있지만, 조직 내에서 다양한 학습동아리가 운영되도록 설계할 수도 있다. 후자의 설계는 학습동아리 활동을 통한 학습결과를 조직에 반영한다는 점에서 단순한 동호회 수준의 학습동아리 내에서의 설계와 차이가 있다. 교육부는 평생학습문화의 진흥을 위하여 '평생학습대상'을 마련하고 학습조직을 시상(施賞)대상에 포함시키고 있다.

2. 학습계획 수립

학습은 언제 어디서나 일어날 수 있다. 모든 학습이 우리의 삶에는 다 의미가 있다. 삶의 흐름에 학습이 자연스럽게 스며들 수도 있지만 좀 더 의식적으로 노력을 들여 학습해야 하는 상황도 존재한다. 후자의 경우에는 체계적인 학습계획 수립이 필요하고, 자기 점검을 통해 현실성 있는 계획을 수립하는 것이 중요하다.

이 절에서는 학습계획을 수립할 때 고려해야 할 사항에 대해 논의한다.

직업세계에 몸담고 있는 동안 일만 하는 것은 아니다. 여기에는 막간도 있다. 휴식시간이나 식사시간이 대표적인 막간에 해당한다. 그러나 휴식시간이나 식사시간도 직장에서의 하루일과에 포함되어 있다는 점에서 일과 분리되어 있는 별도의 막간으로 인식되지 않기도 한다. 이것은 휴식시간과 식사시간을 일에 종속되어 있는 시간으로 규정하는 것이다. 신변잡기에 해당하는 이야기를 나누며 보내는 시간의 경우 그 시간을 생성적인 시간으로 규정하지 않으려는 경향도 존재한다. 이것 역시 일을 중심에 놓고 휴식시간과 식사시간이 일에 직접적인 도움이 되는가 안 되는가에 비추어 판단하는 것이다.

운영자 입장에서 휴식시간이나 식사시간을 어떻게 생각하든 그러한 막간이 있음으로 해서 일에서 오는 피로감을 덜고 다시 일할 수 있는 에너지를 얻을 수 있는 것만은 분명하다. 따라서 막간을 잘 활용하는 것이 직장인에게는 절대적으로 중요한 것이다. 이것은 인권과도 관련이 있다. 직장인은 오로지 일을 하기 위한 기계가 아니기 때문이다. 물론 휴식시간과 식시시간을 얼마나 배정하고 어떻게 배치할 것인가에 대해서는 논의와 합의가 필요하다.

막간에는 휴식시간이나 점심시간만 있는 것은 아니다. 인생의 긴 흐름 속에서 일을 잠시 쉬고 일과 관련되어 있거나 자신의 삶의 진로와 연관된 학습의 기회를 가질 수도 있다. 이 기회를 하루일과나 주간 일과를 마치고 가질 수도 있고, 일정 기간 일을 중단한 상태에서 별도로 그 기회를 가질 수도 있다. 대학의 학부과정이나 대학원과정에 참여한다면 전자의 경우 시간제로 참여하는 것이고, 후자의 경우 전일제로 참여하는 것이다. 후자의 예로 가장 대표적인 것이 학습휴가이다. 어떤 방식으로 학습에 참여하든 그것은 일과 대비하여 막간이라고 할 수 있다.

제도화된 학교교육 참여 자체를 일종의 막간으로 이해할 수도 있다. 학교교육에 참여하는 순간에는 일에서 벗어나야 한다. 학교교육을 통해 다루는 것이 집중해서 이해해야 하는 일이기 때문이다. 학교교육을 통해 다루는 것은 인류라는 종(種)이 오랜 시간의 흐름 속에서 종으로서 가지고 있는 역량을 발휘하여 개척하고 발전시켜 온 세계들이다. 그 세계들을 다룬다는 것 자체가 인류라는 종에 입문하는 것이고, 인류의 한 구성원으로서 그 세계에 정당하게 참여하는 것이다. 이것이 제도화된 학교교육에 참여하는 막간이 갖는 제도적 의미라고 할 수 있다.

이처럼 막간을 갖는 것이 일과의 분리를 위한 것은 아니다. 막간을 가지면서 하던 일을 더 잘할 수 있는 역량을 향상시키게 된다. 경우에 따라서는 막간을 가진 이후 새로운 일을 갖게 될 수도 있다. 즉, 막간은 단순히 일에서 벗어나는 것에 의미가 있는 것이 아니라 일과의 연계 속에서 의미를 갖는 것이다. 이것은 특정한 사람만 일에 종사한다는 생각에서 벗어날 것을 요구한다. 예컨대 노동자는 일을 하고, 경영자는 일을 하는 것이 아니라는 생각은 정당한 것이 아니다. 노동자나 경영자나 다 일을 하고, 각자의 위치에서 성장해야 하는 과제를 가지고 있으며, 이 과제를 위해 학습에 참여해야 한다. 여기에 막간이 필요하며, 어떤 차별도 있어서는 안 된다.

일에 매몰되지 않고 거리두기를 하면서 일에 대해 성찰하기 위해서는 반드시 막간이 필요하다. 이 막간에서의 성찰을 통해 일의 흐름 전체를 되돌아보고, 어느 부분에서 어떤 문제가 있는가를 확인하고, 그 문제를 어떻게 해결하는 것이 적합한가에 대해 숙고하게 된다. 이러한 막간은 일정한 주기를 가지고 갖는 것이 필요하며, 이것은 직업세계의 발전을 위해서는 필수적인 것이다. 따라서 막간을 소비되는 시간으로 보지 않고, 새로운 생성을 가능하게 하는 시간으로 보아야 한다.

일을 단순히 기술을 적용하는 것으로 보지 않고, 지식을 적용하고, 적합한 태도를 가지고 수행하는 것으로 볼 때 일에 대한 단순한 기능주의적 접근에서 벗어날 수 있다. 일에는 지식이 적용되어야 한다. 그리고 이 지식은 외부에 있는 다양한 정보를 학습을 통해 자신의 것으로 전환하는 작업을 거친 이후에 내부에 형성되는 것이다. 지식은 하나의 체계를 구성하고 있으며, 새로운 지식이 생성될 때마다 이 체계는 변하게 된다. 지식이 기술로 표현된다고 하더라도 그것이 일대일로 대응하는 것은 아니다. 하나의 체계로서 지식이 적용되어 현장에서 작동되는 일련의 흐름을 가지고 있는 기술로 표현되는 것이다.

학습에 대한 지원의 현실

제2장 1절에서 언급한 바 있듯이 조직을 학습조직으로 전환하는 것을 권장하고 지원하는 조직이 있다. 이러한 조직에서는 구성원의 과제에 학습참여가 포함되어 있다. 어떤 방식으로 학습에 참여할 것인가에 대해서는 내부적인 논의와 합의의 과정을 거치게 된다. 학습조직은 학습참여에 적정한 시간을 배정하고, 학습에 참여하는 것을 공인하고, 학습에 참여한 결과 이루는 성취에 대해서도 공인하는 체제를 갖추기 위해 노력한다. 성취로 나타나는 성과가 조직 전체에 흐르게 하고, 이것이 토대가 되어 학습을 위한 협

력망도 갖추게 된다.

조직을 학습조직으로 전환하기 위해서는 경영자의 학습에 대한 비전과 실천이 무엇보다 중요하다. 조직 내에서는 어떤 식으로든 학습이 일어난다. 선임자와 후임자가 있고, 선임자는 후임자에게 자신이 알고 있는 것을 가르치고, 후임자는 선임자에게 어떤 일을 어떻게 해야 하는지를 일일이 배운다. 그래서 조직 내에서의 별도의 학습에 대해 관심을 갖지 않을 수도 있다. 그러나 학습이 체계적으로 이루어지면 그것은 결과적으로 조직의 발전에 기여하게 된다. 학습을 통해 향상되는 능력이 반드시 업무에 반영되기 때문이다. 이를 분명하게 인지하고 있는 경영자는 가능한 한 조직을 학습조직으로 전환하려는 시도를 하게 된다. 그러나 직원들이 별도의 학습을 부담스러워할 수 있고, 이 부담 때문에 저항할 수도 있다. 그것이 부담으로만 작용하는 것이 아니라는 것을 설득하고, 학습이 가능한 여건을 조성하고, 학습의 결과 나타나는 성취를 공인하는 체제를 갖추는 방향으로 실천해 나갈 때 조직 내의 동의가 창출될 것이다.

새로운 지식이 필요하다면 그 지식을 갖추고 있는 사람을 채용하면 된다는 생각을 경영자가 가질 수도 있다. 고용의 권한이 경영자에게 있기 때문에 이를 문제 삼을 수는 없다. 그러나 조직에는 조직의 문화가 있고, 조직에서 생성되고 활용되는 지식의 흐름이 있다. 새로운 지식을 가진 사람이 자동적으로 여기에 통합될 수 있는 것은 아니며, 그 지식 자체도 다른 사람들이 가지고 있는 지식과 연계되지 않으면 상승효과가 나타날 수 없다. 이러한 논의의 연장선상에서 내부에서 누군가가 필요한 지식을 갖출 수 있도록 격려하고 지원하는 것을 생각해 볼 수 있다.

직업세계에서의 일은 거의 정신을 차릴 수 없을 정도로 빠르게 진행된다. 그래서 겨우 휴식시간과 식사시간을 가질 수 있을 뿐 별도의 학습시간을 갖는 것은 생각할 수도 없는 경우가 많다. 일을 마쳐야 하는 마감시간이 있고, 이 마감시간까지 해야 할 일은 언제나 여유를 허용하지 않기 때문에 이들에게 별도의 학습은 사치로 인식될 수도 있다. 하나의 일감을 마무리하면 곧바로 다른 일감을 시작해야 하기 때문에 일은 결코 중단되지 않는다. 일이 중단된다는 것은 실업을 예고하는 것이기 때문에 경영자나 직원들은 일에 몰입할 수밖에 없다.

대기업의 경우 인력을 대체할 수 있는 여력이 있지만 중소기업의 경우 언제나 인력을 총동원하는 체제로 일을 하기 때문에 누군가 일에서 빠진다면 그만큼 남은 사람들에게는 과중한 부담으로 돌아가게 된다. 이 부담 자체가 바람직한 것이 아니기 때문에 누군가에게 별도의 학습기회를 제공하는 데 동의를 얻어 내기가 어렵게 된다. 별도의 학습기회를 갖는 것에 현재 일하고 있는 것과는 성격이 다른 노력이 많이 든다고 하더라도 상황이 크게 달라지지는 않는다. 따라서 이것은 어느 특정 기업의 노력뿐만 아니라 직업세계 전체의 문화와 맞물려 있는 문제이다.

일의 분화가 심화되면 될수록 개별적으로 감당하는 일은 단순화된다. 그래서 일의 전체적인 흐름을 모르는 상태에서 거의 기계적으로 단순화된 일에 몰두하기도 한다. 이것은 한 직장 내에서뿐만 아니라 직업세계 전체 내에서도 적용될 수 있다. 하나의 완성품을 만들기 위해 수많은 중소기업이 분담하여 부품을 만들어야 하는 것은 직업세계에서는 익숙한 상황이다. 그리고 그 부품을 만들기 위해 다시 세부적으로 분화된 일을 하는 것이다. 그래서 경우에 따라서는 그 부품이 다른 부품과 어떻게 결합되어 최종적으로 어떤 제품으로 나오게 될지 모른 채 일할 수도 있다.

이러한 구조 자체가 별도의 학습의 필요성에 대한 논의 자체를 무의미하게 만들 수 있다. 그러므로 별도의 학습을 통해 조직의 발전 또는 직업세계의 발전을 가능하게 하려면 특정한 조직 내로 한정해서 논의하는 것은 적합하지 않다. 그 논의는 확장되어야 하며, 궁극적으로 직업세계 전체를 대상으로 논의해야 한다. 그렇게 할 때 직업세계 내에서 이 학습을 위한 역할의 분담과 연계에 대한 논의도 가능하게 된다.

열악한 업무 또는 작업 환경 문제는 현재까지도 심각한 문제가 되고 있기 때문에 조직을 학습조직으로 전환하는 과제를 수행하기 위해서는 아직도 갈 길이 멀다. 그럼에도 불구하고 그러한 방향으로 가고자 하는 비전을 갖는 것이 중요하다. 평생학습이라는 시대적인 화두는 조직의 학습문화 형성을 위한 긍정적인 여건으로 작용하고 있다. 물론 여기에는 정부의 정책적인 뒷받침이 있어야 한다.

학습을 위한 절대시간의 확보

학습은 저절로 이루어지지 않는다. 학습은 절대적으로 시간이 필요하다. 앞서 언급한 바와 같이 외부에 아무리 좋은 정보가 있어도 그것은 밖에 있는 것이다. 그 정보를 자신의 것으로 소화해 내지 않으면 결코 지식으로 전환되지 않는다. 이처럼 외부에 있는 정보를 내부의 지식으로 전환하는 과정은 저절로 이루어지지 않으며, 따라서 이 과정에서는 집중적인 노력을 기울여야 한다. 이 점에서 학습을 위한 별도의 시간을 확보하는 것이 절대적으로 필요하다.

직장에서 선임자가 후임자에게 자신이 알고 있는 것을 알려 주는 경우에도 선임자가 후임자에게 알려 준다고 해서 그것이 자동적으로 이루어지는 않는다. 선임자 편에서의 노력과 함께 후임자 편에서의 노력이 진행되어야 한다. 서로의 노력이 어우러지면서 후임자에게 실제로 학습이 일어나게 된다. 그러므로 선임자가 작정을 하고 시간을 내서 후임자에게 자신이 알고 있는 것을 알려 주고, 후임자 역시 작정을 하고 시간을 내서 집중하여 후임자의 이야기를 경청하고 그것을 자신의 앎으로 전환해야 한다.

자신이 잘 모르는 것인 경우 자신과 동일한 언어로 이야기해 준다고 하더라도 그것을 곧바로 이해할 수 있는 것은 아니다. 예컨대 선임자가 알고 있는 것은 탈맥락적인 것이 아니라 맥락적인 것이며, 구체적인 일의 맥락 속에서 알게 된 것이다. 그리고 그 앎은 일의 맥락에서 활용되고 그런 한에서 일차적인 의미를 갖게 된다. 그러므로 선임자의 이야기를 경청하고 구체적인 일의 맥락 속에서 전달하고자 하는 의미가 무엇인가에 대해 숙고해 보아야 한다. 이 이해의 과정에 분석이 수반되기도 하고 종합이 수반되기도 한다.

다른 사람들과 관계를 맺는 평소의 관행이나 시간을 활용하는 관행을 그대로 유지하는 상태에서는 학습이 제대로 이루어질 수 없다. 간단히 말하면, 학습은 평소에 하던 활동을 그대로 하면서 짬이 나면 그때 가서 잠깐 하면 되는 그런 것이 아니다. 물론 순간적으로 학습이 일어나기도 하지만, 학습이 연속성을 갖기 위해서는 학습에 대한 설계가 필요하고, 이 설계에서 가장 중요한 것이 시간을 확보하는 것이다. 학습을 위한 시간이 확보되지 않는다면 실질적으로 학습을 하는 것이 불가능하다.

일을 놓을 수 없는 상황에서 일을 하면서 별도로 시간을 내서 학습한다는 것은 언제나 어려운 일이다. 배움에서 오는 성취감이 있어서 학습에 수반되는 어려움을 극복해 나가지만 그 어려움 자체를 피할 수는 없다. 하루 중이든 주 중이든 일을 마친 상태에서 할 수 있고 하고 싶은 일들이 많을 수 있다. 학습을 한다는 것은 학습이 아닌 다른 것들을 선택지에서 배제하는 것이다. 배제도 하나의 선택이어서, 이 선택으로 인해 비롯되는 성취감뿐만 아니라 어려움 역시 당사자가 감내해야 한다.

일을 놓을 수 없는 상황에서 학습을 하는 것은 일부러 시간을 내서 하는 것이고, 다른 것을 하지 않고 하는 것이다. 학습을 하는 경우 시간을 그냥 흘려보낼 수가 없다. 무엇인가를 배우기 위해 집중해야 하고, 잘 이해가 되지 않는 것을 이해하기 위해 노력해야 하고, 자신의 이해를 굳건하게 하기 위해 가능한 한 다양한 방법을 동원해야 한다. 경우에 따라서는 학습시간을 놓칠 수도 있다. 그러면 그 시간을 보충하기 위해 자신에게 할당된 시간을 더 쪼개 써야 한다.

집안일과 육아도 해야 하는 여성의 경우 학습에서 불리한 위치에 놓이게 된다. 집안일에도 시간이 절대적으로 필요하고, 육아의 경우에는 더 말할 것도 없다. 여성에게서 경력 단절이 자주 일어나는 것은 바로 이 때문이다. 그런데 이것은 여성 개인이 해결할 수 없는 문제라는 점에서 구조적인 문제이다. 이 점에서 일차적으로 가정 내에서 집안일과 육아를 가족 구성원이 분담하는 체제를 갖추는 것이 필요하고, 그것이 가능하도록 사회 전체의 문화를 바꾸어 나가는 작업이 필요하다.

지금까지 논의한 학습을 위한 절대시간은 양적인 측면과 질적인 측면이 있다. 양적으로 일정한 시간을 확보하지 않으면 학습을 하는 것조차 불가능하다. 그러나 일정한 시간을 확보한다고 해서 양질의 학습이 보장되는 것은 아니다. 양질의 학습은 일차적으로 당사자의 노력이 필요하고, 그것을 가능하게 하는 여건이 필요하다. 학습을 위한 시간이 무한정 허용되지 않는 상황에서는 그 시간을 효율적으로 활용하는 것이 중요하다. 그것은 학습의 밀도를 높이는 방식으로 학습에 집중하는 것이다. 따라서 학습에 대한 계획에는 시간을 확보하는 것뿐만 아니라 그 시간을 어떻게 활용할 것인가에 대한 것도 포함되어야 한다.

자신의 학습여건 파악

학습을 위한 여건이 누구에게나 똑같은 것은 아니다. 실제로는 어느 누구도 동일한 학습여건을 가지고 있지 않다고 보아야 할 것이다. 누구나 자신의 학습여건에 따라 학습에 참여할 수밖에 없다. 물론 그 여건을 인식하고 이에 대해 대처하는 방식 역시 다 다를 수 있다. 상대적으로 어려운 여건임에도 불구하고 학습에 참여하기 위해 각고의 노력을 하는 경우도 있고, 상대적으로 어려운 여건이기 때문에 학습에 참여하는 것을 보류하거나 최소화하는 선택을 하는 경우도 있다.

학습을 위한 절대시간을 확보하는 것은 학습을 위한 자신의 여건을 파악한 이후에 가능한 것이다. 그러나 별도의 학습을 하겠다는 의지가 있다면, 이 의지는 먼저 자신의 학습여건에도 불구하고 일단 학습을 위한 절대시간을 확보하겠다는 각오로 나타난다는 점에서 학습을 위한 절대시간 확보는 학습을 위한 여건 파악에서 전제가 되기도 하고 선행하기도 한다. 그럼에도 불구하고 학습을 위한 절대시간 확보는 학습을 위한 여건 파악을 통해 좀 더 구체화되고 가시화될 수 있다.

학습에는 경비가 소요되기도 한다. 이 경비를 전적으로 개인이 부담해야 하는 경우도 있고, 직장으로부터 지원받을 수도 있다. 개인이 부담하는 경우에는 세금 공제의 형식으로 경비를 돌려받을 수도 있다. 당사자가 참여하는 학습에 대해서는 이처럼 경제적 지원을 위한 제도가 존재한다. 따라서 어떤 가능한 대안들이 있는지 다방면으로 알아보고 이를 활용할 필요가 있다.

별도의 학습이 필요하다고 하더라도 그 학습의 문제를 필요를 느끼는 당사자가 다 해결할 수 있는 것은 아니다. 누군가의 조력이 필요하고, 무엇보다도 가족과 직장동료를 포함한 주변 사람들의 후원이 필요하다. 필요로 하는 학습을 가능하게 하는 교육 프로그램이 마련되어 있어야 하고, 그 프로그램에서 학습에 조력하는 역량 있는 교수자가 있어야 한다. 당사자가 스스로 교육 프로그램도 만들고 그 프로그램에서 자기 교육으로 학습을 진행하는 것이 불가능한 것은 아니지만 누구나 그렇게 할 수 있는 것은 아니다. 이것은 일정한 수준에 오른 상태에서 다른 사람에게 조력을 받을 수 없는 상황에서나 가능한 것이다. 그러나 일과 관련하여 학습을 할 때는 대부분의 경우 조력자가 필요하다.

학습을 위한 교육 프로그램과 역량 있는 교수자가 있다고 하더라도 학습이 언제나 수월하게 진행되는 것은 아니다. 학습에는 언제나 어려움이 따른다. 학습에 진척이 없다고 느껴질 때 드는 회의감도 그런 어려움 중 하나이다. 이 경우 가족이나 직장동료 등 주변 사람들의 정서적 후원이 도움이 된다. 자신이 직접 학습에 참여하고 있는 것은 아니지만 학습에 참여하고 있는 것에 가치를 부여하고, 그 사람이 학습에 제대로 참여할 수 있도록 마음으로 후원하는 것이 학습자에게는 큰 힘이 된다. 학습의 여건에서 이 변수는 결코 도외시할 수 없는 변수이다. 만약 학습에 어려움을 겪고 있는데 가족이나 직장동료들이 다른 방식으로 어려움을 배가시킨다면 학습을 지속하기가 힘들어질 것이다.

제2장 6절에서 다시 다루겠지만, 학습여건에서 누구와 함께 학습을 진행하는가도 중요하다. 학습을 하면서 모르는 것이 있으면 상대방에게 물어보고, 경우에 따라서는 자신이 알고 있는 것을 상대방과 나누는 것이 가능하다. 조별 과제를 수행하는 경우라면 함께 협력하여 질적 수준이 높은 보고서를 작성하기 위해 노력할 수 있다. 동일한 주제 또는 과제를 가지고 학습에 참여하고 있으므로 무엇보다도 대화가 활성화될 수 있다는 장점이 있다.

학습을 위한 일정표 및 일지 작성

학습을 위한 여건을 확인하고 학습을 위한 시간을 확보할 수 있다면 이제 학습을 위한 구체적인 계획을 수립해야 한다. 이 계획에 포함되는 것 중에 학습을 위한 일정표가 있다. 하루 중 언제 무엇을 어떻게 학습하고, 이를 주 단위로 어떻게 배분하고, 다시 이를 월 단위로 어떻게 배분할 것인가를 정해 일정표를 짜게 된다. 하나의 교육 프로그램이 시작되어 마무리될 때까지 전체 학습 일정을 짜고 이에 따라 학습을 수행해 나갈 때 그 학습을 효율적으로 진행할 수 있을 것이다.

일정표대로 모든 일정이 진행되는 것은 아니다. 언제나 예상하지 못한 변수들이 끼어들어 학습을 방해할 수 있기 때문이다. 어떤 장애도 없을 것으로 가정하고 일정표를 짜게 되겠지만 약간의 여백을 마련하여 장애가 발생했을 때 그 여백을 활용하는 지혜도 필요하다. 요컨대 한 치의 오차도 없이 일정표를 짜는 것이 아니라 약간은 넘치는 방식으로 학습을 위한 일정을 배분하는 것이다.

학습을 위한 일정표이기 때문에 다른 일정들은 배경으로 물리고 학습을 위한 일정이 전경으로 부각되는 방식으로 일정표를 짜야 한다. 즉, 일상적으로 수행하는 일들은 생략하고, 자신에게 현재 중요한 사건이 되고 있는 학습을 중심으로 그것을 부각시켜서 일정표를 짜는 것이다. 다음은 원격교육 프로그램에 참여하고 있는 한 학습자의 하루 일정표이다.

07:30~08:30	출근하면서 강의 파일 듣기
12:30~13:00	점심식사 후 컴퓨터로 강의 동영상 보기
18:00~18:30	교과목 커뮤니티에 올라온 글 확인하고 댓글을 달거나 새로운 글 올리기
18:30~19:30	퇴근하면서 과제에 대해 구상하고 메모하기
22:30~24:00	컴퓨터로 강의 동영상 보면서 강의내용 정리하고 학습일지 쓰기

자신이 무엇을 어떻게 학습하고 학습을 하면서 어떤 생각을 하게 되었는가에 대해 일지를 쓰는 것이 학습을 체계적으로 진행하는 데 도움이 된다. 학습일지는 학습에 대한 자기 기록이다. 다루는 내용에 대해 알아 가는 차원에서 정리하는 것을 넘어서서 자신의 학습 자체에 대해 성찰하는 일은 학습력을 향상시켜 나가는 차원에서 필요한 것이다. 학습력이 향상되면 단위 시간 안에서 학습

의 밀도나 강도가 높아지게 된다. 일과 병행하면서 별도로 시간을 내서 학습에 참여하는 경우 이러한 학습력의 뒷받침이 필요하다.

3. 학습을 위한 준비

대학에서 교과목을 이수할 때는 준비가 필요하다. 이것은 일종의 자세 잡기라고 할 수 있다. 달리기를 할 때 치고 나갈 준비를 하는 것처럼 곧바로 학습을 시작하고 제대로 학습을 진행할 수 있도록 준비하는 자세가 필요한 것이다. 달기기 직전 자세까지 달리기에 포함되듯이, 학습하기 직전 자세까지 학습에 포함된다. 사실 이것은 대단히 중요하다.

이 절에서는 본격적으로 학습을 진행하기 위해 사전에 어떤 준비를 해야 하는지에 대해 논의한다.

교과목의 개요 파악

어떤 교과목이든 담당교수는 강의계획서를 학생들에게 제공하게 되어 있다. 학생들은 각 교과목에 대한 정보를 제공하는 곳에서 먼저 강의계획서를 찾아 참조할 필요가 있다. 이 강의계획서에는 강의개요에서부터 다루고자 하는 세부 주제 또는 내용, 그리고 평가방법 등이 언급되어 있다. 강의계획서는 학생들이 이수할 교과목을 선택하는 과정에서 중요한 참고자료로 제공되는 것이다.

교과목을 담당하는 교수는 전공 영역 내에서 해당 교과목을 개설하는 타당한 이유를 가지고 있다. 물론 교수는 자신이 강의할 수 있는 범위 안에서 교과목을 개설한다. 그러나 그 교과목은 전공 영역 내에서 일정한 체계 속에 포함되어야 한다. 그래야 하나의 전공으로서 최소한의 완결성을 가질 수 있다. 그러므로 특정한 교과목을 이수하는 학생도 그 교과목에만 주목하지 않고 다른 교과목과의 관련성 속에서 교과목을 파악하려는 자세가 필요하다.

특정한 교과목을 담당한다고 하더라도 해당 교수가 모두 동일하게 그 교과목을 구성하는 것은 아니다. 교수 자신이 가지고 있는 문제의식이 있기 때문에 담당하는 교과목 내용의 구성에는 반드시 그 문제의식이 반영될 수밖에 없다. 그 교과목을 개설하는 이유와 별도로 그 교과목을 현재와 같은 방식으로 구성하게 된 타당한 이유가 또한 있는 것이다. 교수가 어떤 문제의식을 가지고 교과목을 구상하게 되었는지 파악하는 것은 교수의 이야기에 대한 경청 과정에서 결코 빠트릴 수 없는 부분이다.

다음은 필자가 담당하는 「교육문제연구론」이라는 교과목에서 사용하기 위해 집필한 강의계획서에서 교과목의 개요에 대해 진술한 내용이다.

교육의 문제를 교육에서 무엇인가 잘못된 것으로 보지 않고 이론적으로 검토해 보아야 하는 것으로 규정하고, 교육과 관련하여 그동안 당연시해 온 것들이 실상은 그렇게 당연한 것이 아니고 심도 있는 검토가 필요한 것이라는 점을 인식하고, 교육의 본질에 비추어 교육과 관련된 다양한 주제를 전면적으로 재검토함.

여기서는 어떤 문제가 발생했을 때 교육에 문제가 있다고 쉽게 말하는 관행 자체를 문제 삼고 있다. 교육에 문제가 있다고 말하는데 정말 그런가? 혹 교육에 문제가 있다고 말할 때 그 '교육'의 개념에 혼선이 있는 것은 아닌가? 그렇다면 교육에 문제가 있다고 말하기 이전에 교육을 문제로 지목하는 쟁점 자체에 대해 이론적 논의를 심도 있게 해볼 필요가 있다. 위 개요에는 이러한 생각들이 담겨 있다.

교과목을 담당하고 있는 교수의 문제의식에 동의하는가 아닌가는 그 교과목에 대한 이수를 최종적으로 결정하는 과정에서 관건이 된다. 교수의 문제의식에 동의하지 않음에도 불구하고 그 교수가 왜 나와 다른 문제의식을 가지고 있는가를 알아보기 위해 해당 교과목 이수를 결정할 수도 있다. 대학에서는 이후에 제3장 4절과 5절에서 토론에 대해 다룰 때 다시 언급하겠지만 자신의 의견에 찬성하는 의견뿐만 아니라 반대하는 의견에 대해서도 경청하는 자세를 갖추기 위해 노력해야 한다. 이것은 자신의 의견을 고수하는 데 머무르지 않고 그것이 과연 타당한가를 검토해 보는 데 도움이 되기 때문이다. 이러한 과정을 통해 학생은 좀 더 성장해나갈 수 있다.

하나의 전공 영역 내에서 한 교과목은 다른 교과목과의 관련 속에 있기 때문에 교과목의 내용을 구성하면서 언제나 다른 교과목을 염두에 두게 된다. 경우에 따라서는 다른 교과목을 먼저 이수하는 것을 선수조건으로 요구할 수도 있다. 그것은 선행학습이 이루어진 상태에서 해당 교과목을 이수하는 것이 그 교과목을 이해하는 데 더 도움이 될 것으로 판단하기 때문이다. 이 또한 교과목에 대한 정보여서 이 정보를 알지 못한 상태에서 교과목에 대한 이수를 결정하게 되면 실제로 그 교과목을 이수하는 과정에서 어려움을 겪을 수 있다.

대학에서는 일반적으로 교과목을 3학점 단위, 15주로 운영한다. 그래서 교수는 주당 3시간씩 15주 동안 다루게 될 교과내용을 강의계획서에 반영하게 된다. 강의계획서에서 매주 다룰 내용을 비교적 상세하게 언급할 수도 있고, 주제를 중심으로 간략하게 언급할 수도 있다. 또한 강의계획서에서 매주 참고해야 할 주 참고문헌과 심화를 위한 참고문헌을 일일이 명시할 수도 있고, 전체적으로 참고해야 할 문헌을 별도로 모아 명시할 수도 있다. 따라서 강의계획서를 보면 매주 어떤 주제에 대해 어디에 초점을 맞추어 강의가 진행되고, 강의에 참고하기 위해 어떤 문헌들을 보아야 하는가를 알 수 있다.

앞서 언급한 「교육문제연구론」의 경우 동일한 제목의 교재가 있다. 교재는 10장으로 되어 있지만 강의는 15주로 구성하였다. 주차별 강의주제만 예시하면 다음과 같다.

〈표 2-1〉「교육문제연구론」의 주차별 강의주제

주차	강의주제	주차	강의주제
1	교육연구	9	교과서의 기능과 성격
2	교육문제와 그 접근	10	교과서의 교육적 구성
3	교육과 교육관	11	교육과 시간
4	교육과 학교	12	교육행정의 성격
5	교육의 기능과 본질	13	교육행정의 자치와 연계망
6	교육의 원리	14	학력과 능력
7	교육의 활동	15	교육에 대한 지원과 열정
8	교육과정의 성격과 구성		

개요에서 언급한 바와 같이 「교육문제연구론」은 교육과 관련하여 당연하게 생각했던 것들을 다시 되짚어 보는 작업을 하는 교과

목이기 때문에 교육관, 학교, 교육의 기능, 교육의 본질, 교육의 원리, 교육의 활동, 교육과정, 교과서, 교육시간, 교육행정, 학력, 능력, 교육에 대한 열정 등 익숙한 주제들이 열거되어 있다. 그러나 이 주제만으로는 해당 주제와 관련하여 다루게 될 세부사항을 알기는 어렵다. 용어 자체가 익숙하기 때문에 그것이 무엇이라는 것에 대해 대략적으로 자신이 알고 있는 것을 기반으로 어떤 내용이 다루어질 것으로 예상만 할 수 있을 뿐이다.

단순히 예상만 하는 수준에 머물지 않고 모든 주제에 대한 자신의 생각을 확인하고 질문을 할 수도 있다. 예컨대 '교육과 교육관'이라는 주제에 대해 교육에 대한 자신의 생각과 교육관에 대한 자신의 생각을 반추해 보고, '교육관을 다루는 것이 교육문제 연구에서 왜 중요한가'라는 질문을 할 수 있다. 적어도 교수는 중요하다고 생각하고 그 주제를 다룰 텐데, 자신이 잠정적으로 내린 답과 교수가 드러내는 답에 어떤 차이가 있을까? 당장 그 차이를 확인할 수는 없지만 이런 식으로 교과내용을 둘러보면 교과목에서 다루는 주제가 좀 더 관심을 기울여야 할 주제로 다가오게 될 것이다.

교과내용을 둘러볼 때는 평가도 염두에 두어야 한다. 물론 평가만을 겨냥해서 학습하는 것은 바람직하지 않다. 그러나 평가를 통해 학생은 교수에게 자신이 학습하여 도달한 수준을 드러내야 하기 때문에 교수가 어떤 방식으로 평가를 하는가에 주목해야 한다. 일반적으로 대학에서는 중간고사와 기말고사 기간을 갖는다. 이 기간 동안 논문형의 주관식 시험을 보기도 하고, 사지선다형의 객관식 시험을 보기도 한다. 경우에 따라서는 보고서 과제를 제출하도록 요구하기도 한다.

이러한 정보를 통해 제2장 2절에서 다룬 학습계획이 좀 더 구체화될 수 있다. 엄밀하게 말하면, 이수하는 교과목마다 학습계획이 필요하다. 교과목마다 참여해서 해야 하는 활동이나 제출해야 하는 과제가 다를 수 있기 때문이다. 앞서 언급한 바와 같이 현재는 교과목을 이수하면서 학생이 주목해야 할 거의 모든 내용에 대해서 강의계획서의 형태로 자세하게 학생에게 안내하기 때문에 학생은 우선적으로 이 강의계획서를 꼼꼼히 살펴보아야 한다.

다루는 교과내용의 전체 윤곽 파악

강의계획서를 살펴보고 해당 교과목 이수를 결정하면 수강신청을 하게 된다. 수강신청을 하고 바로 수업에 참여하는 것은 아니며, 수업에 참여하기 직전까지 준비할 수 있는 기간이 있다. 부지런한 학생이라면 이 기간 동안 주 교재와 보조 교재를 구입하고 미리 읽어 보기도 한다. 한 학기에 이수해야 할 교과목이 많은 경우 교과목에서 다루는 교과내용의 전체 윤곽을 미리 파악해 놓는 것도 전체 학습설계 측면에서 필요하다.

강의계획서가 상세하게 작성되어 있는 경우 그것을 참고하는 것만으로도 교과내용의 전체 윤곽을 어느 정도 가늠해 볼 수 있다. 그러나 여기에는 한계가 있을 수밖에 없다. 만약 강의에서 참조하게 될 주 교재가 있다면 이 주 교재를 먼저 살펴볼 필요가 있다. 주 교재에는 강의계획서에 제시되어 있는 내용보다 자세한 내용이 들어 있다. 처음부터 주 교재의 내용을 일독할 수도 있으며, 일독하는 것은 유보하고 주 교재의 내용이 전체적으로 어떻게 구성되어 있는지 세세하게 살펴보는 방식을 취할 수도 있다.

주 교재로 사용하는 교재는 저자에 따라 구성하는 방식이 다르다. 교재라는 점을 염두에 두고 학생의 자기 주도 학습에 도움이 되도록 구성할 수도 있고, 교재이지만 다른 저술과 다를 필요가 없다고 보고 내용을 전개하는 것에만 초점을 맞추어 구성할 수도 있다. 다음은 전자의 예에 해당하는 것이다.

❖ 개관

우리가 일상적으로 사용하는 교육이라는 개념은 많은 경우에 교육활동에 해당하는 것과 교육활동이라고 보기 어려운 것을 엄격한 구분 없이 뒤섞어 그 속에 담고 있다. 이러한 경우에는 교육에 대한 우리의 논의가 별다른 생산적 성과를 내지 못하고 종결될 수밖에 없다. 우리가 흔히 교육과 혼동하는 활동들 가운데 대표적인 것은 훈련, 암기, 인독트리네이션, 사회화 등이다. 이들 개념들은 교육활동과 혼동될 경우에 교육활동의 고유한 성격을 훼손한다는 점에서 상당한 문제를 안고 있다.

윤여각 · 양미경 · 엄태동, 2007: 105

❖ 학습목표

1. 교육활동과 혼동되고 있는 훈련, 암기, 인독트리네이션, 사회화 등은 어떠한 활동이며, 이것들이 어떠한 점에서 교육활동과 구분되어야 하는지를 이해할 수 있다.
2. 교육의 활동이 충족시켜야 하는 교육의 목적이 무엇이며, 교육의 활동들은 어떠한 가치를 지니는지 이해할 수 있다.
3. 교육은 과정적 활동이라는 말이 무슨 의미인지를 이해하고, 이에 근거하여 우리가 지향해 나가야 하는 고급의 교육이란 어떠

한 것이지를 논의할 수 있다.

윤여각 · 양미경 · 엄태동, 2007: 106

4. 교육은 하나의 앎과 능력의 단계에서 그 다음의 단계로 나아가
   는 과정 속에 존재하는 활동이다. 이 점에서 교육이 가져다주
   는 특정한 결과나 교육활동이 다루는 특정한 수준의 앎과 능력
   이 교육이 아니라, 하나의 수준과 그 다음의 수준을 이어주는
   과정적 활동 자체가 교육이다. 따라서 교육활동의 질적인 수
   준은 교육의 결과로 도달하게 되는 수준의 높낮이나 그 결과가
   가져다주는 사회적 효용에 의해서가 아니라, 교육의 과정적 활
   동 자체의 충실도에 의해서 결정되어야 한다.

윤여각 · 양미경 · 엄태동, 2007: 131

위 내용은 앞서 예시한 『교육문제연구론』에서 '교육의 활동'을
주제로 다룬 제7강에 대한 개관, 학습목표, 요약을 옮겨 놓은 것
이다. 『교육문제연구론』에서는 이처럼 장마다 그 장에서 다루는
내용을 전체적으로 개관하고 있고, 그 내용을 학생들이 학습함으
로써 할 수 있게 되기를 기대하는 행동을 명시하고 있으며, 그 내
용을 다시 요약하여 제시하고 있다. 이러한 요약에 이어서 학습
목표에서 기대하는 행동을 토대로 수행할 수 있는 좀 더 진전된
과제를 '연습문제'로 제시하고, 다루는 내용과 관련하여 더 참고
해 보기를 바라는 '보충학습자료'를 명시하고 있다.

모든 장이 이러한 방식으로 구성되어 있다. 따라서 각 장에서

어디에 초점을 맞추어 어떤 내용을 다루고 있고, 거기서 교수가 학생이 할 수 있기를 기대하는 행동이 무엇이며, 교과내용에 대한 이해를 확대하고 심화하는 차원에서 어떤 과제를 수행하는 것이 좋은지 대략적으로 파악하는 것이 가능하다. 요컨대 교과목을 통해 다루고자 하는 교과내용에 대한 전체적인 윤곽을 파악할 수 있는 것이다.

학생은 적어도 이 정도의 윤곽을 파악하고 강의에 참여하는 것이 바람직하다. 이것을 일반적으로 '예습'이라고 한다. 예습을 한 상태에서 강의에 참여하게 되면 강의에서 진행되는 내용에 대한 근접한 선이해가 있기 때문에 그 내용을 체계적으로 좀 더 확실하게 이해할 수 있다. 이것은 예습한 내용에 대한 반복 학습의 효과를 창출할 수 있다. 대학에서 새롭게 배우는 내용을 한 번 학습하는 것으로 충분히 이해하는 데는 한계가 있다. 따라서 여러 번 반복해서 이해를 심화시켜 나가는 노력이 필요하다.

자신의 삶과 관련짓기

어떤 교과목을 이수하든지 그 교과목을 통해 다루는 내용을 자신의 삶과 관련시켜 생각해 보는 자세가 필요하다. 이 연관성에 대한 생각은 교과목을 이수하는 과정에서 점점 확대되고 심화될 수 있을 것이다. 그러나 교과목을 선택하고 그 교과목에서 다루어지는 내용의 윤곽을 전체적으로 파악하면서 그것이 이전에 자신의 경험했던 것 그리고 이후에 경험하게 될 것과 어떤 연관이 있는가 숙고해 보는 것이 필요하다. 이것은 앎을 구체화하는 하나의 방식일 뿐만 아니라 학습을 동기화하는 계기로 작용할 수 있다.

학생이 되어 대학의 운영체제에 대해 제대로 알지 못하는 상태에서, 그리고 전공 영역의 전체 교과과정체제에 대해서도 제대로 알지 못하는 상태에서는 첫 학기에 교과목을 선택하고 이수하는 일 자체가 생소한 일일 수 있다. 그래서 사전에 이런 내용을 가능한 범위에서 조사하고, 자신의 여건을 숙고하고, 좀 더 자신에게 의미 있을 것으로 판단되는 교과목을 선택하고, 그 교과목 이수를 준비하는 것 자체가 낯선 일일 수 있다. 그러나 이러한 생소한 일을 하는 것이 대학생-되기에서 중요하고, 대학생활에 입문하는 것으로서 제도적 의미에 부합되는 것이다.

제2장 1절에서 인간은 언젠가는 직업세계로 이행하게 되어 있다는 점을 언급하였다. 일부 학생들은 고등학교를 졸업하고 직업세계로 이행하고, 일부 학생들은 대학을 졸업하고 직업세계로 이행한다. 자신의 적성과 소질을 조기에 발견하고 이를 개발하여 이에 적합한 직업세계로 이행하는 것이 한 개인의 삶에 매우 중요하다는 점에서 전체적인 교육의 흐름을 직업교육의 관점에서 파악할 수도 있다. 이렇게 보면 자신이 현재 몸담고 있는 직업세계나 앞으로 몸담게 될 직업세계를 염두에 두면서 대학에서 교과목을 이수하는 것은 당연한 것이다. 우리는 지금까지 이 점을 소홀히 해 왔다.

교과목을 담당하는 교수에게는 자신이 강의하는 교과목에서 다루는 내용 자체가 중요할 것이다. 그 내용의 범주 속에서 교수는 학문활동과 교육활동을 하고 있기 때문이다. 그러나 교과목을 이수하는 학생의 입장에서는 학자, 연구자, 또는 대학교수로서 일하는 직업세계를 염두에 두지 않는 이상 교과목에서 다루는 내용 자체가 중요한 것은 아니다. 오히려 그 내용과 자신이 현재 몸담고 있거나 앞으로 몸담게 될 직업세계와의 관련성이 더 중요하다.

문제는 그 관련성을 어떻게 알 수 있는가 하는 것이다. 이에 대해서는 능력과 관련지어 생각해 볼 필요가 있다. 능력은 지식과 기술과 태도의 결합에 의해 발현된다. 어떤 일을 할 때는 그 일에 관한 지식과 그 일을 수행하면서 바로 적용하는 기술과 그 일을 수행하는 데 적합한 태도가 있어야 한다. 그런데 여기에 일대일 대응이라는 것은 없다. 좀 더 직접적으로 관여되는 지식과 기술과 태도가 있지만, 그 지식과 기술과 태도는 지식체계와 기술체계와 태도체계라고 할 수 있으며, 여기에는 또한 관련된 체계들이 배경에서 작용하고 있다.

이렇게 볼 때, 오로지 어떤 것이 나의 삶에 직접적으로 필요한 것인가에 비추어 판단하는 데만 머무르지 않고 현재는 정확히 알 수 없지만 뭔가 유관해 보이는 것들을 어떻게 하면 나의 삶에 의미 있게 전환시켜 나갈 것인가에 비추어 생각해 보는 것도 필요하다. 여기서는 좁은 시야를 가지고 상황을 파악하기보다는 시야를 넓혀서 파악하는 것이 도움이 된다. 따라서 나의 삶과의 관련성은 즉각적으로 알 수 있는 것이 아니라 시간을 두고 서서히 알아 가는 것이라고 말할 수 있다.

후원세력 만들기

학습을 위한 준비에서 빠트릴 수 없는 것이 후원세력을 만드는 일이다. 학습이 중요하다고 해서 학습에만 참여할 수는 없다. 또한 학습이 중요하다고 해서 동료학습자와 교수자하고만 관계를 맺을 수 있는 것도 아니다. 현실에서 우리는 학습이 아닌 다른 활동에도 참여해야 하고, 그렇기 때문에 다른 활동에 참여하는 사람들과도 관계를 맺어야 한다. 이러한 관계성을 무시하면 다른 사람들로부터 소외되는 문제를 피할 수 없게 된다. 이것은 결과적으로 학습에 제대로 참여하는 데 장애요인이 된다.

제2장 2절에서도 이미 언급하였지만 학습에는 반드시 시간이 필요하다. 사람마다 차이는 있지만 누구나 학습을 위해 일정한 시간을 확보해야 한다. 그렇지 않으면 학습을 제대로 하는 것 자체가 불가능하다. 그리고 더 나아가 확보된 시간을 집중적으로 활용하는 것도 중요하다. 학습에 집중하는 밀도가 높아야 학습을 효율적으로 진행해 나갈 수 있다. 이것은 한정된 시간 안에서 필요한 많은 정보를 자신의 지식으로 전환해야 하는 학습의 상황에서는 불가피한 것이다.

가정에서 학습에 참여하고 집중할 수 있도록 구성원들이 배려해 주고, 직장에서도 상사를 포함한 직원들이 학습기회를 갖도록 권장하고 학습에 집중할 수 있도록 마음으로 후원할 때 학습을 위한 최적의 조건이 조성된다. 가정에서나 직장에서나 예기치 못한 많은 일들이 벌어진다. 그중 모두의 힘이 필요한 일이라면 학습의 중단은 불가피하다. 그러나 곧바로 다시 학습에 참여할 수 있도록 배려해 주는 후원세력이 존재한다면 학습은 원활하게 진행될 수 있다.

이 외에 학습에서 도외시할 수 없는 무엇보다 중요한 후원세력은 바로 함께 학습하는 사람들이다. 이들이 서로 경쟁하는 데만 몰두하거나 서로 상생하지 않고 개별적으로 학습하는 데만 몰두한다면 학습은 활력 있게 진행될 수 없다. 교과목을 이수하면서 서로의 선지식을 나누고 점검해 주고, 배움에서 진전이 있도록 서로 조력하며, 조별로 작업을 하는 경우에는 최선을 다해서 함께 과제를 수행해 나가려고 노력하는 학습동료가 있다면 학습하는 과정에서 겪는 어려움조차도 잘 극복해 나갈 수 있는 힘을 얻게 된다.❶ 이 점에서 교과목 이수를 시작하면서 누가 함께 참여하고 있는가 확인하고, 서로 인사를 나누고 교육적 관계를 맺어 나갈 마음의 자세를 가져야 한다.

이 모든 것은 다른 사람들이 먼저 나서서 하는 것이 아니라 내가 먼저 나서서 해야 하는 것이다. 나의 주도적인 노력이 있고, 여기에 다른 사람들의 조력과 협력이 어우러질 때, 그것은 나의 학습을 지원하는 힘이 된다. 교과목 이수보다 이른 시기에 학습에 참여할 마음의 준비를 하기 때문에 사실 후원세력을 만들기 위한 노력 역시 마음의 준비와 더불어 시작되어야 한다.

학습에는 성취가 있게 마련이다. 이 성취는 자신의 성취이기도 하지만 후원세력의 후원이 있기에 가능했던 성취이기도 하다. 이 점에서 학습에서의 성취를 후원세력과 공유하는 것은 후원의 지속성을 담보하는 하나의 방안이 될 수 있다. 이것은 자신을 부각시키는 것과는 다른 것이다. 그것은 그들의 후원이 있어 현재까지 이르게 되었다는 점을 분명하게 드러내는 것이다.

4. 학습의 과정

학습의 과정은 외부에 있는 정보를 받아들여 내부에서 지식으로 전환하는 것이라고 단순화시켜서 말할 수 있다. 그러나 실제로 이 과정은 세부적으로 복잡한 절차를 거치게 된다. 대학에서의 학

---

❶ 이와 관련해서는 제2장 6절에서 좀 더 논의할 것이다.

습은 교과목을 중심으로 이루어지며, 여기서 관건은 교과내용을 이해하는 것이다. 이 이해를 통해 당사자의 앎의 체계는 지속적으로 변화하게 된다.

이 절에서는 학습의 과정에서 거치는 절차를 중심으로 논의한다.

교과내용의 세부내용 분석하기

대학에서 교과목은 전체적으로 하나의 주제를 다루고 있으며, 제2장 3절에서 언급한 것처럼 담당교수의 문제의식을 반영하고 있다. 하나의 주제는 다시 하위주제들로 나뉘고, 이 하위주제가 각 차시의 주제가 된다. 이 하위주제는 다시 더 작은 하위주제들로 나뉘며, 각 차시에서 체계적으로 다루어진다. 담당교수의 문제의식을 토대로 전 차시의 주제가 배치되며, 각 차시에서 다루어질 내용이 선정된다. 그러므로 먼저 각 차시에서 다루어지는 내용이 어떻게 구성되어 있는지를 분석해 보는 것이 필요하다.

보통 하나의 문단은 하나의 문장으로 요약될 수 있다. 그렇지만 한 문장으로 하나의 문단을 구성하는 것은 적합하지 않다. 일반적으로 두괄식이라면 먼저 핵심적인 생각을 먼저 이야기하고 이에 대해 부연설명을 하는 것으로 한 문단을 구성하고, 미괄식이라면 관련된 이야기를 언급하고 여기에 스며 있는 핵심적인 생각으로 마무리하는 문단을 구성한다. 글을 쓰는 사람은 이 중 어느 하나를 선호하기도 하지만, 이렇게 겉으로 드러나는 방식보다는 핵심적인 생각을 암시하는 방식의 글쓰기를 선호하는 사람도 있다.

교재를 예로 들면, 교재의 각 장은 몇 개의 절로 구성되어 있다. 이 절은 다시 몇 개의 항으로 구성될 수도 있는데, 저자는 항까지 내려가지 않고 절까지 구분하여 글을 쓸 수도 있다. 이 경우 절은 여러 개의 문단으로 구성된다. 각 문단마다 핵심적인 생각을 하나의 문장으로 분석해 내는 작업을 하게 되면, 문단마다 그러한 문장을 얻게 된다. 경우에 따라서는 하나의 문단에서 하나의 핵심적인 생각에 대해 다 논의하지 못하고 다음 문단까지 부연설명을 하기도 한다. 이것은 그 생각에 대해 논의해야 할 측면이 중층적이기 때문이다. 이 경우 문단 수보다 적은 수의 핵심적인 문장을 얻게 된다.

이 작업을 생각만으로 하는 데는 한계가 있다. 한 사람이 지적 작업을 통해 다룰 수 있는 문장에 한계가 있기도 하지만, 인간의 기억력에도 한계가 있기 때문이다. 그러므로 핵심적인 문장을 일일이 적어 두는 것이 필요하다. 그런데 한 문단에서 핵심적인 생각을 하나의 문장으로 표현할 수 있다고 하더라도, 한 문단 안에서는 이와 관련된 논의가 반드시 수반된다. 그러므로 핵심적인 생각이 한 문단 안에서 어떤 논리에 의해서 뒷받침되고 있는지 분석도 해보아야 한다. 이 점에서 일단 문단 단위로 논의구조를 파악하는 분석작업을 해야 할 것이다.

탄탄하고 치밀한 논의구조를 가지고 글을 쓰는 경우 그 구조를 파악해 내기가 쉽지 않을 수도 있다. 경우에 따라서는 매우 느슨한 논의구조를 가지고 글이 쓰여서 글의 분량은 많지만 핵심적인 내용은 간략하게 정리될 수도 있다. 여기에는 저자의 글 쓰는 방식, 전공 영역에서의 관행 등이 작용한다. 이 점에서 교과목마다 개인차와 관계없이 난이도가 높고 낮다는 평가가 가능하다. 여기서 개인차는 전자의 글에 대한 선호와 관련이 있다. 만약 전자의 글보다 후자의 글을 선호한다면 전자의 글을 접하면서 남다른 어려움을 겪게 될 것이다.

이처럼 각 절의 각 문단마다 핵심적인 생각을 하나의 문장으로 나타내고, 다시 한 문단 내에서 이 생각을 뒷받침하는 논리가 어떻게 구조화되어 있는가를 분석하여 정리하면 이것 자체가 그 문단에 대한 요약이 된다. 제2장 3절에서 학습을 위한 준비에 대해 논의하면서 교과내용의 전체 윤곽을 파악하는 것을 언급하였다. 지금은 그 세부사항을 파악하는 단계이다. 지금은 컴퓨터를 상용하는 시대이기 때문에 분석하여 정리한 것은 파일의 형태로 저장하게 된다. 경우에 따라서는 이를 출력하여 철해 놓을 수도 있다.

이처럼 한 문단의 내용을 분석하고, 분석한 내용을 요약하여 정리하는 방식은 체계적인 학습방법 가운데 하나이다. 이것은 학습하는 습관에 해당된다고 할 수 있다. 통독하고 이해하면서 넘어가도 좋은 경우가 있지만, 대학에서 교과목을 이수할 때는 평가를 염두에 두어야 하기 때문에 이러한 학습습관을 몸에 배도록 하는 것도 좋을 것이다. 이것은 학습을 하는 과정과 학습의 결과에 대한 평가를 준비하는 과정을 분리하지 않고 통합한다는 점에서도 효율적이고 바람직한 것이다.

교과내용의 세부내용 이해하기

교과내용의 세부내용을 분석하는 것과 이해하는 것은 구분된다. 분석은 관계를 드러내는 데 주목하는 반면, 이해는 그렇게 드러난 관계가 의미하는 바에 주목한다. 그러나 실제로 작업하는 과정에서 분석과 해석은 동시에 진행된다. 분석은 이해를 전제하기도 하고 이해를 수반하기도 한다. 관계를 구성하는 요소가 무엇인가에 대한 이해가 없다면 분석이 불가능하고, 부분적인 요소들을 넘어서는 총체적인 이해에 이르지 않는다면 분석이 충분하지 않은 것이다. 다시 말하면, 최소한의 이해를 기반으로 분석을 하는 것이 가능하고, 분석을 하는 과정에서 좀 더 진전된 이해에 이르기도 한다. 여기서 주목하는 것은 후자이다.

각 절의 각 문단마다 논의구조를 분석하면 핵심적인 생각을 좀 더 분명하게 이해할 수 있게 된다. 그러나 각 절의 전체적인 의미는 이러한 이해를 누적시킨다고 해서 자연스럽게 파악되는 것은 아니다. 문단마다 이해한 바를 연결하는 고리가 필요하고, 전체적으로 조망하는 안목이 필요하다. 이와 관련된 능력을 이미 갖추고 있을 수도 있지만, 대학에서는 이 능력을 좀 더 향상시켜야 하는 과제가 있다. 다시 말하면, 이해의 수준을 높여야 하는 과제가 있는 것이다.

각 문단마다 파악한 논의구조를 토대로 핵심적인 생각을 하나의 문장으로 나타내면 이러한 문장들로 하나의 이야기가 구성될 수 있다. 제2장 3절에서 언급한 교재의 요약 부분이 이에 해당될 수 있다. 그러나 이 이야기는 학생이 이해한 것의 표현이어야 의미가 있다. 학생의 이해가 전제되지 않은 상태에서 보는 교재의 요약 부분은 또 하나의 문단에 불과하다. 그러므로 교과내용의 전체 윤곽을 파악하는 단계를 넘어서서 교과내용의 세부내용을 분석한 다음 단계에서는 그 세부내용을 이해하고, 그 이해한 바를 자신의 말로 표현할 수 있어야 한다.

여기서의 이해는 두 가지 방향으로 이루어진다. 하나는 담당교수가 교과내용을 통해서 자신의 문제의식을 어떻게 풀어 나가고 있는가를 이해하는 것이고, 다른 하나는 그러한 방식이 학생 자신에게 어떤 의미가 있는가를 이해하는 것이다. 전자의 이해가 담당교수의 이해와 반드시 일치해야 하는 것은 아니다. 왜냐하면 학생과 담당교수 사이에는 수준 차이가 전제되기 때문이다. 따라서 학생의 이해는 담당교수의 이해에 근접해 간다고 말하는 것이 타당할 것이다. 그러나 학생의 배움이 이것으로 충분한 것은 아니다. 그 이해가 지식을 형성하는 토대가 되려면 그 이해를 자신의 삶 속에서 반추해 보는 과정을 거쳐야 한다. 담당교수가 다루는 교과내용을 이해하는 것이 학생의 배움의 여정에서 반드시 필요한 것이기는 하지만 그 이해를 학생의 전체 앎의 체계 속에 자리매김하는 것도 반드시 필요하다.

앞서 교과내용에 대해 이해한 바를 자신의 말로 표현할 수 있어야 한다고 했는데, 이것은 이러한 후자의 이해를 통해서 가능한 것이다. 교과목에서 다루고 있는 교과내용은 담당교수의 말로 표현한 하나의 이야기라고 할 수 있다. 학생이 교과내용의 세부내용을 분석하고 이해한 이후에는 담당교수의 이야기가 학생의 이야기로 전환된다. 이렇게 해서 다수의 학생들에 의해 다양한 이야기 버전이 나오게 된다. 이처럼 학습자에게서 다양한 이야기 버전이 나오게 하는 것이 교육에서 교수자의 숨겨진 목표가 될 수도 있다.

학생이 하나의 교과목에서 다루는 교과내용의 세부내용을 이해하는 것은 쉽게 이루어지지 않는다. 그런데 학생은 대학에서 하나의 교과목만 이수하는 것이 아니라 일반적으로 여러 개의 교과목을 이수한다. 그러므로 교과목마다 그 세부내용을 이해하는 작업을 하지 않으면 안 된다. 이렇게 볼 때, 제2장 2절에서 언급한 바와 같이 시간을 확보하는 것은 절대적으로 필요하고 무엇보다 중요하다. 학습을 위해서는 거쳐야 하는 절차가 있고, 여기에는 절대적으로 시간이 소요되기 때문이다. 이 점을 간과하면 제대로 학업성취를 할 수 없을 뿐만 아니라 교과목은 이수했지만 배운 것은 없는 시간의 낭비가 불가피하게 된다.

교과내용을 적용해 보기

교과목에서 다루는 교과내용을 이해하는 것은 책상에 앉아서도 가능하다. 그러나 교과목에서 다루는 교과내용이 담당교수의 문제의식을 토대로 구성되어 있다는 점과 그 문제의식은 구체적인 현실 속에서 갖게 되었다는 점을 고려하면 교과내용을 책상에 앉아서 이해하는 것만으로는 충분하지 않을 수 있다. 즉, 그 교과내용이 형성되었거나 적용되어야 하는 현실을 도외시할 수 없는 것이다. 교과내용이 형성된 맥락도 현실이고, 교과내용을 적용해야 하는 맥락도 현실이라면 학생은 전자를 추측하고 후자를 확인해 보는 노력이 필요하다.

교과내용 자체는 그 내용이 활용되는 현실에서 벗어나 있다는 점에서 추상적이다. 물론 그 내용을 현실에서 직접 활용하는 사람에게 그 내용은 결코 추상적이지 않고 구체적이다. 그동안 학교에서 다루는 교과내용이 학교를 둘러싸고 있는 담장만큼 현실과 괴리되어 현실과의 접점 없이 다루어진다는 문제제기가 계속 있어 왔다. 비록 학생이 아는 것이 매우 많을지라도 현실에서 효용성이 떨어진다는 것이다. 능력 중심 교과과정에 대한 주장은 이러한 문제의식을 대변하고 있다. 즉, 교과내용을 얼마나 알고 있는가가 중요한 것이 아니라 그 교과내용에 대한 학습의 결과 현실에서 발휘할 수 있는 능력을 얼마나 갖추게 되었는가가 중요하다는 것이다.

이러한 논의의 흐름에 비추어 보면, 대학에서 다루는 교과내용이 현실에서 어떻게 활용되고 있는가를 확인하고, 실제로 그 내용을 현실에서 적용해 보는 작업을 하는 것이 필요하다. 이 점에서 모든 교과목의 운영에는 현실에서 조사해 보는 과정이 포함되어야 하고, 현실에서 적용해 보는 실습이 포함되어야 한다는 주장이 가능하다. 이것은 교과내용에 대한 이해를 위해 문헌을 참조하는 것도 필요하지만, 그 문헌의 궁극적인 기반이 되고 있는 현실과의 접속도 필요하다는 것을 의미한다.

교과내용에 대해서는 내재적 비판도 가능하고, 외재적 비판도 가능하다. 교과내용에 대한 내재적 비판은 교과내용의 내적 논리 자체의 정합성에 주목하는 것이다. 내적으로 일관된 논리를 치밀하게 전개하는 방식으로 교과내용이 구성될 수도 있지만, 그 논리가 일관되지 않거나 전개가 치밀하지 않은 경우도 있다. 후자는 비판적인 논의의 대상이 된다. 교과내용에 대한 외재적 비판 중 하나는 그 교과내용의 현실 적합성에 주목하는 것이다. 즉, 교과내용이 얼마나 현실에 대한 설명력을 가지고 있는가에 주목하는 것이 그 한 예가 될 것이다. 여기서 시대의 변화하는 흐름을 담아내지 못하고 있는 교과내용이 비판적인 논의의 대상이 된다.

논리는 내적 정합성을 추구하게 되어 있다. 그런데 내적 정합성에 대한 추구도 하나의 길만 존재하는 것은 아니다. 그럼에도 불구하고 자신의 앎의 체계에 머물게 되면 그 체계에서 가능한 내적 정합성에 경도되는 경향이 있다. 여기서 벗어나는 길은 다른 관점을 취하는 것이다. 이것도 외재적 비판에 해당된다. 다른 관점을 취하기 위해서는 선행의 논의와 최신의 논의에 대해 참조하는 것이 필요하다. 그러나 여기서는 앞서 언급한 현실 적합성에 주목한다. 이것을 반대편에서 말하면 현실에서 반증 사례를 찾는 것이다. 물론 반증의 사례를 찾기 위해서는 현실을 꼼꼼하게 검토해 보는 것이 필요하다.

엄밀히 말하면, 교과내용은 현실을 반영하고 있지만 과거의 현실을 반영하고 있다. 특정한 내용이 교과내용으로 전환되는 데는 시간이 소요된다. 교과목 담당교수는 현실에서 문제의식을 갖게 되고 이를 풀어 나가는 내용으로 교과내용을 구성한다. 이렇게 하는 사이에 현실은 고정되어 있지 않고 변하게 되어 있다. 그러므로 교과내용은 현실에 대해 설명하지만 완벽한 설명력을 가질 수는 없다. 담당교수가 주목한 현실과 교과내용이 다루어질 때의 현실 사이에는 간격이 존재하기 때문이다. 이 점에서도 다루는 교과내용을 현실에 비추어 조회하는 작업이 필요하다.

교과내용을 그 자체로 이해하는 데도 시간이 소요된다. 그런데 그 내용이 현실에서 어떻게 작동되고 있는가를 확인하기 위해서는 그보다 더 많은 시간이 소요된다. 물론 후자의 확인을 위해서는 전자의 이해가 전제되어야 한다. 이 점에서 교과목에서 다루는 교과내용을 현실에서 확인해 보는 것은 결코 기계적으로 이루어질 수 없다. 이러한 작업 자체를 가능하게 하는 능력이 수반되어야 한다. 이 점에서 교과내용을 이해하는 데는 복잡한 메타 능력이 요청된다.

교육적인 소통을 하기

앞서 논의한 내용은 교과목을 이수하는 학생 개인에 초점이 맞추어져 있다. 학습에는 전적으로 개인의 몫이 있다. 그러나 교수자의 조력이 있을 때 학습은 더 활력 있게 진행될 수 있고, 동료들과의 협력이 있을 때 학습에 내재된 어려움을 수월하게 극복할 수 있는 힘을 얻을 수 있다. 이러한 조력과 협력은 일방적인 것이 아니라 소통을 전제로 한 것이다. 그리고 궁극적으로 서로의 성장을 지향한다는 점에서 교육적인 것이다. 교과내용의 세부내용을 분석하고 해석하고 현실에 적용해 보는 과정에서도 교육적 소통은 매우 중요하다.

담당교수는 교과목에서 다루는 교과내용에 대한 전문적인 식견을 가지고 있다. 그 식견은 학습의 과정을 거쳐 지니게 된 것이다. 따라서 정확히 일치하는 것은 아니지만 학생의 현 시점을 통과한 이력을 가지고 있다. 담당교수가 교수자로서 갖는 전문성은 자신이 지나온 경로를 의식하고 학생이 현재 거치고 있는 경로를 확인하고 그 접점에서 다음 단계로 나갈 수 있는 길을 안내하는 것이다. 이 안내는 학생이 할 일을 대신 해 주는 것이 아니라 학생 스스로 현 시점에서 겪고 있는 어려움을 극복할 수 있도록 한편으로는 정서적으로 지지해 주고, 다른 한편으로는 극복이 가능한 디딤돌을 놓아 주는 것이다. 이 모든 것이 교수자인 담당교수의 경험 속에 이미 존재할 수도 있고, 교수자이기 때문에 개별적 성찰을 통해 조율해 가는 새로운 방안을 모색한 결과일 수도 있다.

담당교수는 개별 학생을 지켜보고 있다. 즉, 그는 언제나 개별 학생이 어느 수준에서 어떤 활동을 하고 있고, 어느 지점에서 어려움을 겪고 있는가를 지켜보고 있는 것이다. 적어도 이러한 정도를 알 수 있어야 교수자로서 전문성을 가지고 있다고 말할 수 있다. 그러나 교수자로서의 능력도 성장하는 것이다. 처음부터 모든 학생에 대해 세세하게 주목하는 데는 한계가 있다. 능력이 향상되면서 모든 학생에게 주목하는 능력을 갖추게 된다. 적어도 그 수준에 이르기까지는 담당교수가 개별 학생에게 주목한다고 하더라도 언제나 놓치는 부분이 있게 마련이다. 그러므로 학생의 편에서 담당교수에게 자신의 수준을 적극적으로 드러내 보이려는 노력이 필요하다. 그리고 이것이 바로 학습자로서 교수자에게 조력하는 길이기도 하다.

교과목 수업이 진행될 때 교수가 교과내용에 대해 설명하기도 하지만 그것은 수업내용의 일부에 지나지 않을 뿐만 아니라 수업의 방식에 비추어 보아도 부분적인 것이다. 한때 교과목 담당교수가 다루는 교과내용에 대해 처음부터 끝까지 설명을 하고 마치는 수업이 존재했었다. 그러나 현재 이러한 수업을 좋은 수업이라고 말하지는 않는다. 전체 차시에서 일부 차시를 그렇게 진행한다고 하더라도 모든 차시를 그렇게 진행하는 것은 오히려 좋지 않은 수업이라고 평가된다. 여기서 관건은 교수자인 담당교수와 학습자인 학생 간의 교육적 상호작용이다.

학생은 예습을 하고 수업에 임한다. 그렇기 때문에 선지식을 가지고 담당교수의 강의내용을 이해할 수 있다. 그러나 아무리 예습을 하고 담당교수의 강의를 듣더라도 다루어지는 내용을 제대로 이해하기 어려운 경우가 있다. 이 경우에는 반드시 담당교수에게 질문을 해야 한다. 학생은 모르는 것이 있기 때문에 학습하는 것이고, 담당교수는 학생의 모름을 전제로 교수를 할 수 있는 것이다. 그러므로 학생이 모르는 것을 담당교수에게 질문하는 것은 교육적 맥락에서 당연한 것이다.

이러한 점을 고려할 때 담당교수는 학생을 향해 열려 있어야 하고, 수업에서 학생들이 보이는 반응을 예민하게 감지해 내는 능력을 향상시켜 나가야 한다. 간혹 교과목 담당교수가 자신을 학자로 규정하고 자신이 학생들을 가르치는 교수자로서 역할을 하고 있다는 사실을 망각하거나 도외시하는 경우가 있다. 그러나 이것은 바람직하지 않다. 적어도 우리나라 대학에서 교과목 담당교수는 학자이자 교수자이다. 따라서 대학의 교수는 교수자로서의 능력을 향상시켜 나가기 위해 별도의 노력을 해야 한다.

일반적으로 담당교수 1인에 다수의 학생이 수업에 참여하고 있기 때문에 개별 학생이 자신의 의문을 담당교수를 상대로 모두 해결하는 데는 한계가 있을 수 있다. 한 학생의 질문에 담당교수가 대답하는 흐름조차 제대로 이해하기 어려운 경우도 존재한다. 동일하게 수업에 참여한다고 하더라도 학생들 간에는 배움에서 개인차가 존재할 수 있다. 그러므로 다른 학생에 비해 앎에서 뒤처지고 있다고 판단된다면 주저하지 말고 앞서 가고 있는 학생에게 도움을 요청하는 것이 교육적 맥락에서는 바람직하다. 앞서 가고 있는 학생은 담당교수와 뒤에서 오고 있는 학생 사이에서 매개 역할을 할 수 있다. 즉, 뒤에서 오고 있는 학생을 끌어올려 함께 담당교수의 수준으로 나아갈 수 있는 것이다. 동료 간의 이러한 협력이 있을 때 수업이 활력 있게 진행될 수 있다.

이러한 점을 고려할 때 학생은 기본적으로 혼자 학습을 감당해내면서도 함께 학습하는 역량을 키워 나가야 한다. 자신이 앞서 나가고 있을 때 뒤에서 따라오고 있는 학생을 배려하고 도와주며, 자신이 뒤처져 있을 때 앞서 나가고 있는 학생을 바라보며 적어도 그 수준에라도 도달하기 위해 노력하고 바로 그 학생에게 도움을 요청하는 자세를 가져야 한다. 동료 학생이라고 해서 언제나 같이 배우기만 하는 것이 아니라 서로의 수준 차이로 인해 서로 가르치고 배울 수도 있다는 사실을 인식하고 받아들여야 한다. 그래야 수업이 전체적으로 교육적 소통 속에서 진행될 수 있다.

교과목에서 다루는 교과내용은 그 교과목에서 다루는 주제와 관련하여 담당교수가 갖게 된 문제의식과 맞물려 있다. 문제의식은 질문을 내포하고 있다. 대학에서 교과목을 이수하는 것은 학생이 담당교수의 문제의식을 공유하는 과정이며, 더 나아가 그 문제의식과 그 문제의식을 풀어 나가는 과정을 비판적으로 검토하는 과정이다. 여기서 많은 질문이 생성된다. 대학에서 교과목을 이수하는 것은 거칠게 가졌던 질문이 세련되어 가는 과정이며, 질문에 대한 답을 얻게 되면서 동시에 다른 질문을 갖게 되는 과정이다.

제2장 3절에서 언급한 바와 같이 한 교과목은 일반적으로 15차시로 운영되며, 각 차시마다 다른 주제이지만 서로 관련된 주제를 다룬다. 각 주제마다 그동안 질문과 대답의 연쇄가 이어져 왔으며, 담당교수는 교과내용을 구성하는 시점에서 일단 중도정지한 상태로 이전의 논의를 정리하여 제시한다. 수업이 중도정지된 수준에서 논의하는 것으로 마무리될 수도 있지만 어떤 담당교수도 그 수준에서 머물 것을 기대하지는 않는다. 다시 말하면, 중도정지를 해제하고 다시 좀 더 진전된 질문과 대답의 연쇄를 이어가기를 기대한다.

담당교수가 강의를 통해 전달하는 내용을 수동적으로 받아들이는 것만으로는 학습이 활력 있게 진행되지 않는다. 학생 편에서 그 내용이 의미하는 바가 무엇인가를 이해하기 위해 노력해야 한다. 그런데 이 이해가 자동적으로 이루어지는 것은 아니며, 담당교수와 앎의 체계에서 차이가 있기 때문에 담당교수의 앎의 체계로 근접해 가기 위해서는 질문이 불가피하다. 이 질문은 잘 모르는 것을 알아 가기 위한 질문이며, 현재 알고 있는 것을 기반으로 그 앎을 좀 더 분명하게 하거나 진전시키기 위한 질문이다.

앞서 교과내용의 세부내용에 대해 분석하고 이해하는 작업에 대해 논의하였다. 한 차시의 세부내용을 분석하는 과정에서도 질문이 생성되고, 이해하는 과정에서도 질문이 생성된다. 이렇게 생성된 질문을 가지고 다음 차시의 세부내용에 대한 분석과 이해로 나아가게 된다. 즉, 한 차시를 학습하면서 생성된 질문을 가지고 다음 차시의 학습을 이어가는 것이다. 질문을 가지고 학습할 때와 질문이 없이 학습을 할 때는 학습활동 자체가 다르다. 물론 전자에서 학습이 훨씬 더 활력 있게 진행된다.

이 점에서 교육의 과정은 학생의 편에서 질문의 수준을 향상시켜 나가는 과정으로 이해할 수 있다. 학생의 학습에 조력하는 담당교수 편에서 교육의 과정은 학생이 질문의 수준을 향상시켜 나갈 수 있도록 조력하는 과정으로 이해할 수 있다. 담당교수가 미처 해결하지 못한 질문을 학생이 진정한 의미의 제자가 되어 각고의 노력으로 답을 얻고 청출어람(靑出於藍)하는 것이 교육의 세계에서는 성공 사례로 기록된다. 끊임없이 새로운 기술이 개발되고, 현상을 설명하는 새로운 체계가 구축되는 것은 학문활동의 성과이기도 하지만, 그 학문활동에 개입한 교육활동의 성과이기도 하다. 오히려 교육의 개입이 없다면 학문적 성취도 불가능하다고 할 수 있다. 즉, 질문에 대한 대답을 추구하는 열정이 있고, 이를 위해 가르치고 배우는 교육에 대한 열정이 있을 때 한 단계 전진할 수 있는 것이다.

5. 평가의 과정

평가는 교수의 편에서 학생의 학업 진척 정도를 확인하는 절차이며, 학생의 편에서 자신의 학업 진척 정도를 가늠하는 과정이다. 문제를 출제하고 이 문제에 대한 정답을 맞추는 외현적 활동만으로 평가의 의미를 다 규정할 수는 없다. 실제로 이 활동은 매우 복합적일 뿐만 아니라 무엇보다도 교육적으로 의미가 있는 활동이다. 따라서 교육적 관점에서 조망하는 작업이 필요하다.

이 절에서는 평가 활동과 관련하여 교수와 학생이 유념해야 할 점들에 대해 논의한다.

평가의 유형

대학에서 평가는 일반적으로 중간평가와 기말평가로 구분된다. 중간평가는 말 그대로 학기 중간에 학업 진척 정도를 확인하는 평가이며, 기말평가는 학기 말에 최종적으로 학업 진척 정도를 확인하는 평가이다. 중간평가가 교과목에 대한 이수를 통해 중간에 형성하고 있어야 하는 능력을 평가하는 형성평가의 성격이 강하다면, 기말평가는 교과목을 이수한 결과 형성하고 있어야 하는 능력을 최종적으로 평가하는 결과평가의 성격이 강하다. 이러한 두 가지 평가는 학기 중에 각각 별도의 한 차시로 인정될 정도로 제도화되어 있다.

대학에서의 평가는 이 두 가지 제도화된 평가에 한정되지 않는다. 대학에서의 평가에는 수업참여도에 대한 평가, 별도의 토론에 대한 평가 등 교과목 담당교수의 설계에 따라 다양한 평가 유형이 동원될 수 있다. 그리고 이러한 모든 평가를 종합하여 최종적인 평정을 하고, 그 결과에 따라 점수를 부여하며, 그 점수에 따라 등급을 부여하고, D등급 이상이 되어야 학점취득을 인정받게 된다. 만약 F등급을 받게 되면 교과목을 이수하는 절차를 거쳤다고 하더라도 학점취득은 할 수 없다. 이 경우 '과락'이라는 표현을 쓴다. 과락을 받은 교과목의 경우에는 재이수를 통해 성적의 등급을 높일 수 있다.

평가는 객관식 시험의 형태로 시행될 수도 있고, 주관식 시험의 형태로 시행될 수도 있으며, 과제로 요구한 보고서를 제출하게 하고 이를 평정하는 방식으로 시행될 수도 있다. 객관식 시험은 문항마다 선택지를 제공하고 그 선택지 중에서 하나의 답을 선택하게 하는 방식으로 진행되는 시험이다. 이 중에는 맞는 것 중에서 틀린 것을 고르는 문항도 있고, 틀린 것 중에서 맞는 것을 고르는 문항도 있다. 또한 서로 관련이 있는 것을 연결하게 하는 문항도 있다. 주관식 시험은 한 개의 단어나 몇 개의 단어로 대답하는 방식으로 시행될 수도 있고, 일종의 에세이를 작성하는 방식으로 시행될 수도 있다. 전자의 방식을 '단답형'이라고 하고, 후자의 방식을 '논술형'이라고 한다. 일반적으로 이러한 시험의 경우에는 시험시간에 대한 사전 고지는 하지만 구체적인 질문에 대한 예고 없이 시험시간이 다 되어서야 교수가 질문을 제시하고 학생이 바로 답을 하는 방식으로 진행된다.

객관식이나 주관식 단답형의 경우 교과내용에 대한 암기가 요청된다. 물론 여기서 암기는 교과내용에 대한 이해를 전제로 한 것이다. 사전에 교재를 포함한 다양한 자료를 참고할 수는 있지만 시험시간에는 이를 다 접고 시험 문항에 답해야 한다. 주관식 논술형의 경우에도 동일하게 교재를 포함한 다양한 자료를 참고하되 시험시간에는 이를 다 접고 주어진 문항에 대한 논술을 해야 한다. 그러나 논술의 정확성을 높이기 위해 교재를 포함한 다양한 자료를 펼쳐 놓고 참조하면서 논술을 하도록 허용하는 경우도 있다. 이에 해당하는 영어를 수식어로 사용하여 이러한 시험을 '오픈북(open book) 시험'이라고 한다.

보고서 과제의 경우에는 사정이 다르다. 어떤 보고서를 작성해야 하는가에 대해서는 사전에 공지가 되며, 학생은 미리 준비하여 정해진 시간까지 보고서를 적성하여 제출하면 된다. 특정한 주제나 쟁점과 관련하여 문헌을 조사하고 이를 토대로 논의하는 보고서를 작성할 수도 있고, 관찰, 면담, 설문조사, 실습, 또는 실험을 한 후 그 과정과 결과 및 이에 대한 논의를 담은 보고서를 작성할 수도 있다. 이 보고서는 개별적으로 작성해야 하는 경우도 있고, 조별로 작성해야 하는 경우도 있다. 주관식 중 논술형의 경우와 마찬가지로 여기에는 평가기준이 있으며, 이 기준에 따라 엄정하게 평가가 이루어진다.

앞서 언급한 유형의 평가에서 어떤 평가가 더 쉽다고 말할 수는 없다. 그러나 교과내용을 이해하는 것으로 충분한 것이 객관식 시험과 주관식 단답형 시험이라면 주관식 논술형 시험이나 보고서 과제의 경우에는 교과내용을 이해하는 수준에서 더 나아갈 것이 요구된다. 교과내용에 대한 이해를 반영하여 과제를 수행하고 그 결과를 보고서로 작성할 때에는 반드시 학생 자신의 견해를 드러내도록 요구한다. 이 점에서 보고서 과제가 가장 어렵다고 말할 수도 있지만, 이를 위해 많은 시간이 부여된다는 점에서 그 난이도는 상대적인 것이다.

평가에서는 교과내용에 대한 이해가 필수적으로 요청된다. 교과내용에 대한 이해의 정도를 평가하기 때문에 원칙적으로 교과내용을 제대로 이해하고 있는 사람이 평가받을 자격을 갖는다. 교과내용에 대한 이해가 전제되지 않는다면 평가를 시행하는 의미가 없다. 다만 평가에서는 그 이해의 수준을 확인하게 된다. 이해의 수준이 낮으면 어떤 선택지를 선택해야 할지 잘 모르게 되고, 어떤 방식으로 논의를 전개해야 할지 그 가닥을 잘 잡지 못하게 된다.

제2장 4절에서 교과내용의 세부내용에 대한 분석에 대해 언급하면서 문단 단위로 분석하여 그 핵심을 정리하게 되면 이것 자체가 해당 문단에 대한 요약이 된다고 하였다. 이렇게 문단 단위로 요약하게 되면 한 장에 대한 전체적인 요약을 얻을 수 있다. 이 요약은 논의구조를 드러내는 것이기 때문에 그 요약을 토대로 교과내용에 대한 이해의 수준을 끌어올릴 수 있다. 논의구조는 중요한 개념들을 요소로 하고 있으며, 이 요소들에 의해 하나의 체계를 구성하게 된다. 결국 논의구조는 개념체계를 구성하는 토대가 되며, 교과내용의 세부내용은 이러한 논의구조에 따라 개념체계를 가지고 논의를 전개한 것이라고 할 수 있다.

개념체계를 갖는 것은 개념지도를 갖는 것과 다른 것이 아니다. 개념들 간의 관계를 알게 되고, 하나의 개념이 다른 개념들과의 관계에서 어떤 위치에 있고, 어떤 의미를 갖는가를 알게 된다. 여기서 개념지도는 은유적인 표현이다. 예컨대 지도를 가지고 있고, 이 지도를 읽을 수 있는 능력이 있다면 전혀 생소한 지역에서도 원하는 장소를 찾아갈 수 있고, 지역에 대한 전체적인 모습을 상상할 수 있다. 그래서 매 차시마다 다루어진 내용이 무엇이고, 전체 모습 속에서 그 내용이 어디에 위치해 있는가를 알 수 있게 해 주는 것이 개념지도이다.

개념지도가 있으면 각각의 개념을 연결하면서 담당교수와는 다른 방식으로 이야기를 구성해 나갈 수 있다. 하나의 개념에서 출발하여 다른 개념으로 나아가고, 그 개념을 분기점으로 하여 서로 다른 두 개념으로 나아가며, 두 개념으로 좀 더 복잡한 경로로 나아가는 이야기의 구성이 가능하다. 이처럼 개념지도를 통해 이야기를 새롭게 구성할 수 있을 때 교과내용의 세부내용에 대한 이해가 분명해진다. 이처럼 교과내용에 대한 개념지도를 작성하는 것은 그 교과내용에 대한 이해의 맥락 속에 있다.

평가에서 개념지도는 왜 중요한가? 또는 평가에서 개념지도는 어떻게 활용될 수 있는가? 개념지도를 가지고 있으면 평가에서 문항이 개념지도상의 어느 지점을 지시하고 있는가를 알 수 있고, 그래서 어떤 경로를 거쳐 그곳으로 갈 것인가를 알 수 있다. 이러한 개념지도가 없다면 어느 지점에서 시작해서 어떻게 나아가야 할지조차 몰라 당황하게 된다. 물론 이 개념지도는 학생의 머릿속에 형성된다. 그래서 기억을 떠올리는 것만으로 개념지도를 불러내서 계속 조회하는 것이 가능하다.

교과내용의 세부내용에 대한 분석을 통해 요약하는 것이 교과내용에 대한 이해에 초점이 있다면, 그 분석을 토대로 개념지도를 작성하는 것은 교과내용에 대한 이해를 넘어서서 평가에 대비하는 것이다. 따라서 개념지도를 가지고 복잡한 이야기를 구성해 나간다고 하더라도 그 지도 자체는 간단하고 명료할수록 더 유용하다고 말할 수 있다. 평가 문항에 따라 직접 관련되지 않은 경로는 배경으로 물러나고 직접 관련되어 있는 경로는 전경으로 부각되는 그러한 개념지도가 평가 상황에서는 좋은 지도라고 할 수 있다.

문제의 요점 파악

앞서 언급한 바와 같이 평가에서 객관식 문제가 제시될 수도 있고, 주관식 문제로서 단답형 문제가 제시될 수도 있으며, 논술형 문제가 제시될 수도 있다. 경우에 따라서는 보고서 과제로 제출해야 하는 문제가 제시될 수도 있다. 각 유형에 따라 문제의 요점을 파악하는 방식에 차이가 있다.

객관식 문제의 경우에는 그 문제에서 정확히 무엇을 묻고 있는가를 파악하는 것이 중요하다. 일단 맞는 것 중에서 틀린 것을 찾으라고 하는지, 틀린 것 중에서 맞는 것을 찾으라고 하는지 파악해야 한다. 그리고 특정한 방식으로 규정되는 개념이나 현상에 대해서 묻고 있는지, 고유한 특징을 가지고 있는 특정한 개념이나 현상에 대해서 묻고 있는지 파악해야 한다. 마지막으로 하나 이상의 답을 찾아야 하는지 아니면 여러 개의 선택지 중에서 가장 타당하거나 적합한 하나의 답을 찾아야 하는지를 파악해야 한다.

객관식 문제의 경우 일반적으로 네 개의 선택지 중에서 한 개를 선택해야 한다. 문제의 난이도가 높은 것은 하나의 선택지가 선명하게 부각되는 것이 아니라 적어도 두 개의 선택지가 다 매력적인 선택지로 부각되는 경우에 해당된다. 여기에는 일반적으로 함정이 있다. 이 함정은 개념지도가 분명하지 않은 경우 또는 문제를 제대로 파악하지 못한 경우에 걸려들게 되어 있는 함정이다. 그러므로 모든 문제를 꼼꼼하게 읽는 자세가 필요하다. 그렇지 않으면 개념지도상의 엉뚱한 지점에서 헤매는 결과가 초래될 수 있다.

주관식 단답형 문제의 경우 특정한 개념이나 현상의 특성에 대해 묻기 때문에 이에 대해 정확히 알고 있지 않으면 답하기가 어렵다. 물론 이 경우에도 개념지도가 명료하면 문제가 지시하는 지점을 바로 기억해 내고 그 지점에서 해당되는 개념을 찾을 수 있을 것이다. 일반적으로 단답형 문제는 암기해서 답하는 문제로만 규정되는 경향이 있는데 이것은 정확한 것이 아니다. 단답형의 문제에 암기가 요구되기는 하지만 여기에 이해가 수반되지 않으면 의미가 없다.

주관식 논술형 문제의 경우 어떤 주제에 대해 어떤 방식으로 논술하라고 하는지 파악해야 한다. 논술형 문제에서 특정한 주제를 명시했음에도 불구하고 그 주제가 아닌 다른 주제에 대해 논술하면, 그 논술이 비록 탁월하다고 하더라도, 그것은 주어진 주제에서 벗어난 것으로 제대로 평가를 받을 수 없다. 또한 논술형 문제에서 논술방식에 대해 명시했음에도 불구하고 그와는 다른 방식으로 논술을 하는 것도, 그 방식 자체는 아무리 탁월하다고 하더라도 제대로 평가를 받을 수 없다. 논술형의 경우에는 교수가 교과내용으로 다루어진 것을 학생이 단순히 반복하기를 기대하지 않는다. 교수는 교과내용의 세부내용에 대한 이해를 토대로 최종적으로 자신의 견해를 피력할 것을 기대한다. 그렇지 않으면 그것을 논술이라고 말할 수 없을 것이다.

보고서 과제의 경우에도 교수는 학생에게 어떤 주제에 대해 어떤 방식으로 탐색하여 그 결과를 어떤 방식으로 보고할 것인가를 명확하게 지시한다. 실험이나 실습을 하고 그 결과를 보고하게 할 수도 있고, 현장에서 직접 조사하여 그 결과를 보고하게 할 수도 있다. 교과목에서 다루어진 내용을 확대하고 심화하는 차원에서 관련된 문헌을 좀 더 참조하고 이에 대해 체계적으로 정리하여 보고하게 할 수도 있다. 이 경우에도 제시된 주제와 다른 주제에 주목하거나 제시된 방식과 다른 방식을 취하는 것은 평가의 맥락에서 적합하지 않다.

객관식 시험이나 주관식 시험의 경우 정해진 시간에 오프라인에서 응시하기도 하지만 온라인에서 응시하기도 한다. 여기서는 시작시간과 종료시간을 지키는 것이 매우 중요하다. 온라인의 경우에는 정해진 시간이 경과되면 답을 업로드하는 것 자체가 불가능하기 때문에 특히 시간에 유념해야 한다. 보고서 과제의 경우에도 마감일이 존재하기 때문에 이 마감일을 준수하는 것이 중요하다. 일반적으로 마감일을 넘기면 감점을 받게 된다. 보고서 과제에 대해서는 사전에 공지되기 때문에 그만큼 사전에 체계적으로 준비하여 작성할 것이 요구된다.

평가 이후에 재검토하기

대학의 수업에서 평가는 교육적 맥락에서 시행하는 것이다. 입사시험처럼 누군가를 붙이고 누군가를 떨어트리는 데 초점이 있는 것이 아니다. 극단적으로 대학에서 이수한 교과목에 대한 평가에서 '과락'을 받는 경우도 있지만, 그 교과목을 재이수할 기회를 가질 수 있다. 그러므로 평가를 통해 무엇을 경험하는가가 중요하다. 그 경험은 학생 자신의 성장을 위한 계기가 될 수도 있고, 답보 상태에 머무르게 하는 요인으로 작용할 수도 있다. 만약 전자라면 한 교과목에서 낮은 평가를 받게 되었다는 것 자체가 회복할 수 없는 심각한 문제가 되는 것은 아니다.

평가 전에 평가에 집중하지 못하게 하는 사건에 직면할 수도 있다. 그중에는 학생이 개인적으로 통제할 수 없는 것도 있다. 그래서 평가에서 어려움을 겪을 수도 있다. 경우에 따라서는 여러 교과목을 이수하고 다른 교과목에 대한 평가 준비에 더 집중하느라 해당 교과목에 대한 평가 준비가 덜 된 상태에서 후자의 평가에서 어려움을 겪을 수도 있다. 여기서 순전히 불성실함으로 인해 겪게 되는 어려움은 논외로 한다. 그것은 전적으로 당사자가 책임져야 하는 문제이기 때문이다.

평가에 임하는 상황에서 순간적으로 문제의 요점을 놓칠 수도 있고, 문제 자체를 잘못 이해할 수도 있다. 경우에 따라서는 문항에 대한 정답 표기를 잘못 할 수도 있다. 이것은 그 상황 속에서 예기치 않게 그렇게 벌어진 것이다. 이것은 당사자의 실수로 볼 수도 있다. 그렇다고 해서 당사자가 감당해야 하는 결과를 비켜 갈 수 있는 것은 아니다. 학생이 명백히 자신의 실수로 인정하는 경우를 포함하여 제대로 대답을 못한 것으로 나타나는 결과에 대해서는 재검토해 보아야 한다. 시험이 끝났다고 교육의 과정이 끝난 것은 아니다. 평가가 교육의 과정인 것은 평가 상황에만 적용되는 것이 아니라 그 전후에 다 적용된다.

어떤 유형의 평가이든 그 결과를 놓고, 각 문항과 본인의 개념지도를 대조하면서 그 적합성을 검토해 보아야 한다. 객관식의 경우 간혹 문제의 요점을 제대로 파악하지 못한 상태에서 우연히 선택을 잘할 수도 있기 때문에 제대로 답한 결과라도 그냥 지나치지 않는 것이 중요하다. 만약 개념지도가 적합하지 않아서 제대로 답한 것이 아니었다면 교과내용을 다시 조회해 보고, 개념지도에 필요한 수정을 해야 한다. 이러한 작업을 하지 않는다면 개념지도에 수정이나 보완이 필요함에도 불구하고 그것을 계속 가지고 있게 되는 문제가 발생한다.

일반적으로 인간은 오류 가능성이 있다. 이것을 인정하지 않으면 오류를 오류가 아닌 것으로 알고 지내게 된다. 그러므로 오류를 확인할 수 있는 기회가 있을 때 이를 놓치지 않는 것이 중요하다. 인간에게는 오류를 범한다는 사실보다는 범한 오류를 인식하고 이를 극복하고 넘어서는 노력이 더 중요하다. 인간은 이러한 과정을 통해 성장하게 된다. 대학에서 평가 이후의 재검토가 바로 그러한 노력을 할 수 있는 좋은 기회인 것이다. 물론 이 점은 대학에서의 평가만이 아니라 모든 평가 상황에 해당된다.

교과목을 이수하는 과정에서 교수와 교육적 상호작용을 하거나 동료 학생들과 교육적 상호작용을 하면서 학생은 자신의 수준을 가늠할 수 있는 기회를 계속 가지게 된다. 물론 이를 위해서는 의식적인 노력도 필요하다. 그런데 평가는 절차상 반드시 따라야 하는 것이고, 공식적으로 자신의 수준을 가늠해 볼 수 있는 기회이다. 교과목을 이수하는 학생이 모두 동일한 성취를 보여야 하는 것은 아니다. 학생들 간에는 개인차가 있기 때문이다. 따라서 일차적으로 중요한 것은 학생 개인의 학업 진척 정도이다. 평가는 교수와 학생이 학생의 학업 진척 정도를 공식적으로 확인하는 절차를 따른다.

평가에서 답을 하는 것과 평가 이후에 재검토를 하는 것은 이미 지나간 교과내용을 대상으로 한다는 점에서 일종의 복습에 해당한다고 할 수 있다. 예습과 복습의 반복을 통해 학생은 교과내용에 대한 앎의 수준을 높이게 되고, 그 수준으로 현상을 보는 높은 안목을 갖게 된다. 교육에서는 구체적인 결과도 중요하지만 그 이상으로 거쳐 가는 과정이 중요하다. 과정이 충실하지 않은 상태에서 좋은 결과를 얻기는 어려우며, 만약 좋은 결과를 얻는다고 하더라도 그것은 전적으로 우연적인 것으로 엄밀한 의미에서 해당 학생이 전유할 수 있는 결과라고 보기 어렵다

자신의 다음 단계 학습과제 파악하기

교과목을 이수하면서 평가에 임하고 이후에 재검토의 과정을 거치는 것은 학생 자신에게 성찰의 기회가 된다. 그동안 충실하게 학업에 임했는지, 만약 그렇게 하지 못했다면 앞으로 어떤 각오가 필요한지, 혹시 엉뚱한 길로 가고 있거나 학습하는 방법에 문제는 없는지, 만약 그렇다면 어떤 수정이 필요한지, 만약 교수와 관점의 차이가 있다는 것을 확인하게 되었다면 앞으로 어떻게 해야 하는지 숙고해 보는 것이 그 예이다. 학생이 자신의 학업과 관련하여 어떤 점을 확인하게 되는 것은 그 자체로 중요하지만, 그 확인에만 머무르는 것은 바람직하지 않다. 인식에는 어떤 방식으로든 실천이 수반되어야 하는데 가능하면 좀 더 성장할 수 있는 방식으로 실천이 뒤따라야 한다.

평가를 통해 자신에게 미흡한 점을 확인하였다면, 이를 개선하는 것이 과제가 될 것이다. 앞서 언급한 것처럼 교수와 관점의 차이가 있다는 것을 확인하게 되었다면 자신의 관점에 당분간 괄호를 치고 교수의 관점을 좀 더 이해하기 위해 노력하거나 그 차이가 정확히 무엇인가를 파악하기 위해 노력하는 것이 과제가 될 것이다. 배움의 길에서는 하나의 매듭이 지어졌다고 해서 배움이 종료되는 것이 아니다. 하나의 매듭은 다음의 매듭으로 나아가는 출발점이 된다. 그래서 평가를 통해 하나의 매듭을 짓게 되면 최소

한 하나 이상의 배움의 과제가 생기게 된다.

평가 이후에 재검토를 통해 미흡한 점이 발견되었다고 해서 이를 만회하기 위해 다시 처음으로 돌아가서 다시 시작하고 완벽을 기하는 것이 언제나 바람직한 것은 아니다. 배움에서는 언제나 동형적인 것이 수준을 달리하여 반복되기도 하는데 바로 이 때문에 이전에 제대로 이해되지 않았던 것도 이후에 약간 다른 접근을 통해 이해할 수 있게 되기도 한다. 좀 더 설명력이 있는 설명체계를 이해하려고 노력하는 과정에서 그보다 설명력이 부족한 설명체계로서 이전에 제대로 이해하지 못한 것을 즉각적으로 이해하게 되는 경우가 그 예가 될 것이다.

중간시험이라면 수업의 후반부에 자신이 주목해야 할 과제를 인식하게 될 수도 있고, 기말시험이라면 다음에 어떤 교과목을 이수할 것인가, 그 교과목에서 어떤 과제에 주목할 것인가를 의식하게 될 수도 있다. 일반적으로 특정 교과목에 대해 원래 흥미가 있어서 그 교과목을 선택하게 된다고 생각하는 경향이 있다. 그러나 엄밀하게 말하면 교과목에 대한 흥미는 생기는 것이다. 특정 교과목에 대한 흥미가 생겨서 연관된 다른 교과목을 선택하게 된다. 이런 흥미가 교육에서 수반되는 일종의 결과라고 할 수 있으며, 이러한 결과가 뒤따를 때 교과목에 대한 이수가 더 활력 있게 진행될 수 있다.

교과목을 이수하면서 이를 활력 있게 진행하기 위해서는 자신의 학습과제를 설정하는 것도 도움이 된다. 물론 이 학습과제는 흥미와 맞물려 있다. 특정 교과목을 이수하면서 자신이 해결해야 할 과제와 접목시키고, 그 결과에 따라 관련된 다른 교과목을 이수하거나 다른 학습과제를 설정하고 그 해결에 도움이 될 것으로 판단되는 교과목을 선택할 수도 있다. 예컨대 '학생을 교육소비자로 규정하는 것이 과연 타당한가'라는 질문에 흥미를 가지게 되었다면, 자신의 전공체계에서 무리가 되지 않는 한, 이 질문에 답하는 데 도움이 되는 교과목을 의도적으로 선택할 수 있다. 교육학 전공이라면 전공 교과목체계 안에서 이 질문에 답하기 위해 노력하는 것이 당연하다. 그러나 만약 메가트로닉스 전공이라면 전공 교과목체계 안에서 이 질문에 답하는 것은 불가능하다. 그러므로 교양 교과목이나 일반선택 교과목의 틀 안에서 이 질문에 답하는 시도를 해야 할 것이다. 이러한 시도를 해야 하는 이유는 메카트로닉스 전공이라고 하더라도 학생으로서의 정체성을 한 부분으로 가지고 있기 때문이다.

6. 학습동아리 활동

학습은 혼자서 하기도 하지만 함께하기도 한다. 함께 학습을 하면서 겪는 어려움도 있지만 함께 학습함으로써 혼자서 학습할 때 겪는 어려움을 해결할 수도 있다. 함께 학습할 때 서로의 성장을 위해 조력하는 것이 가능하고, 많은 분량을 나누어 학습한 후 이를 공유하는 것도 가능하다. 함께 학습하는 것은 교육공동체 형성의 토대가 된다.

이 절에서는 학습동아리를 통해 분담하여 학습하고 이를 공유하는 활동에 대해 논의한다.

학습동아리의 구성

학습을 위해 특별히 조직된 모임을 학습동아리라고 한다. 따라서 학습동아리는 누군가 주도하고 다른 사람들이 동조할 때 구성된다. 여기서 공통분모는 학습이다. 즉, 함께 학습할 필요를 느낀 누군가가 사람을 끌어모으고, 이에 동의하는 사람들이 함께 학습동아리를 구성하는 것이다. 대학에는 많은 학습동아리가 있다. 물론 대학이 아닌 다른 장에도 학습동아리가 존재한다. 평생학습 시대에 대한 논의 속에서 학습동아리는 이 시대를 뒷받침하는 토대로 언급되고 있다.

대학에서 이수하는 모든 교과목을 온전히 혼자의 힘으로 다 잘해내는 데는 한계가 있다. 대학에서는 특히 자기 주도적으로 학습을 진행할 것이 기대된다. 그러나 이것이 순전히 혼자 학습할 것을 기대한다는 의미는 아니다. 혼자 학습을 하든, 다른 사람들과 함께 학습을 하든 수동적으로 따라가기만 하지 않고 학습을 위한 설계를 주도적으로 해야 한다는 의미이다. 각자의 학습설계 속에서 서로 성장하는 데 도움을 주고받는 만남이 이루어질 수 있다. 이러한 만남에 초점을 두고 구성되는 것이 바로 학습동아리이다.

대학에서 학습동아리는 교과목 이수와 관련하여 두 가지 방식으로 구성된다. 하나는 교과목에 대한 학습을 함께하는 것이고, 다른 하나는 교과내용을 현실에 조회하는 것을 학습의 맥락에서 함께하는 것이다. 교과내용을 예습하고, 수업에서 교수와 교육적 상호작용을 하고, 수업내용을 복습하는 전 과정을 혼자서 진행할 수도 있다. 그러나 예습하는 과정에서 함께 학습하는 방식을 취하기도 한다. 교과내용을 현실에 조회하는 경우에도 혼자서 진행할 수 있다. 그러나 이 또한 함께 학습하는 방식을 취하기도 한다.

예습이든 복습이든 혼자서 진행한다고 해서 문제 될 것은 없다. 그러나 인간의 삶에서는 함께 학습해야 할 사태가 존재하기 때문에 함께 학습하는 습관을 형성하거나 상황에 따라 함께 학습하는 데 적극적으로 참여하는 자세를 갖는 것이 필요하다. 물론 함께 학습하는 것의 가치를 처음부터 인식할 수 있는 것은 아니다. 그 가치는 함께 학습하는 과정에서 저절로 깨닫게 되는 것이다. 이 점에서 함께 학습하는 것의 가치에 대한 인식은 교육의 결과라고 할 수 있다.

대학에서 이루어지는 교육을 고등교육이라고 한다. 이것은 교육의 수준이 고등이라는 것이 아니라 다루는 교과내용의 수준이 고등이라는 것이다. 교과내용의 수준이 고등이기 때문에 여기에는 체계적인 선지식이 요구된다. 이러한 선지식이 없는 상태에서 수업에서 전개되는 이야기를 이해하기는 쉽지 않다. 이 점에서 대학에서 교과목을 이수할 때는 더욱 예습이 필요하다. 선지식을 점검하고 수업에서 다루게 될 내용을 사전에 검토해 보는 작업을 함께하기 위해 구성하는 것이 학습동아리이다.

대학에서 교과목을 이수하면서 주 교재를 활용하기도 한다. 그런데 주 교재 없이 진행되는 수업도 존재한다. 주 교재가 있다고 하더라도 많은 참고문헌이 동시에 제시된다. 경우에 따라서는 강의계획서에 매주 다루게 되는 주제와 관련하여 다수의 참고문헌이 제시되기도 한다. 이것은 수업에서 다루는 주제와 관련하여 수업에서 논의하는 내용을 보충하고 심화하는 차원의 학습이 필요하다는 것을 의미한다. 보충하고 심화하는 차원의 학습이라고 하더라도 교과내용의 이해에 도움이 된다는 점에서 그것은 성격상 예습에 해당한다고 할 수 있다. 이 작업을 함께하기 위해 구성하는 것이 학습동아리이다.

주 교재가 있다면 이것을 가지고 예습을 하고, 주 교재가 없다면 제시된 참고문헌 중에서 우선적으로 참고해야 할 문헌을 가지고 예습을 할 수 있다. 이러한 예습을 하고 수업에 참여하면 수업에서 진행되는 이야기를 이해하는 것이 좀 더 수월하게 된다. 그러나 수업에서 특정한 주제와 관련하여 모든 이야기를 할 수는 없다. 특히 교과내용이 현실에서 어떻게 적용되고 작동되는가에 대해서는 별도의 확인이 필요하다. 이를 복습의 차원에서 수행할 수 있다. 이러한 작업을 하나의 교과목에 대해서만 하는 것이 아니라 한 학기에 이수하는 모든 교과목을 대상으로 하는 것이기 때문에 대학의 교과목 이수는 부담이 될 수밖에 없다. 이러한 부담을 완화하는 차원에서 구성하는 것이 바로 학습동아리이다.

학습동아리는 필요를 공감하는 학생들이 구성하게 된다. 필요를 공감한다고 하더라도 개인적인 여건 때문에 학습동아리에 참여하지 못할 수도 있다. 수강생 전체가 하나의 학습동아리를 구성할 수도 있지만 적정 규모에 대한 인식에 따라 하나 이상의 학습동아리가 구성될 수도 있다. 어떤 모임이든 좀 더 주도적인 사람은 존재하기 마련이다. 이들에 의해 학습동아리 구성이 제안되고, 이에 동조하는 사람들끼리 학습동아리가 구성된다. 처음에 구성된 학습동아리가 계속 그대로 유지될 수도 있지만 인간관계에 끼어드는 여러 가지 변수로 인해 구성에 변화가 생기기도 한다.

학습동아리에서의 학습설계

학습동아리를 구성하면 한 학기 동안 진행할 학습에 대한 설계가 필요하다. 교과목마다 강의계획서가 제공되기 때문에 한 학기 동안 교과목마다 어떻게 학습할 것인가에 대한 논의가 가능하다. 따라서 학습설계를 하기 위해서는 먼저 강의계획서를 꼼꼼하게 검토해야 한다. 또한 각자의 학습여건을 점검해 보아야 한다. 혼자서 학습하는 것이 아니라 여럿이 함께 학습하기 때문에 가능한 시간대를 정하려면 각자의 학습여건을 고려하여 이를 조정하는 작업이 필수적이다.

학생들마다 수강하는 교과목이 다르기 때문에 교과목별로 학습동아리를 구성하는 것이 가능하다. 그러나 공통적으로 이수해야하는 교과목들이 있기 때문에 한 교과목 이상 함께 이수하는 것이 일반적이다. 교과목들은 월요일에서부터 금요일까지, 아침부터 저녁까지 배치되어 있다. 경우에 따라서는 토요일에 배치되기도 한다. 온라인으로 수업이 진행되는 교과목의 경우에는 매주 강의가 열리는 요일이 정해져 있지만, 그 이후 다음 강의가 열릴 때까지 언제든 수강하는 것이 가능하다. 이 모든 것을 고려하여 함께 학습할 수 있는 요일과 시간을 정해야 한다.

교과목 중에는 특별히 더 많은 예습을 필요로 하거나 집단적인 작업을 요구하는 교과목이 있다. 그리고 상대적으로 혼자 학습해도 큰 어려움이 없는 교과목도 있다. 그래서 이수하는 전체 교과목 중에서 학습동아리를 통해서 학습할 것과 혼자서 학습할 교과목을 결정하고, 이를 학습계획에 반영하게 된다. 일반적으로 모든 교과목에 대해 학습동아리를 구성하고, 동일한 비중을 두어 함께 학습하는 것은 거의 불가능하다. 앞서 교과내용을 현실에 조회하는 것을 학습의 맥락에서 함께할 수 있다고 하였는데, 이 경우 매주 진행하지 않고 월 단위로 진행할 수도 있다. 함께 학습한다고 하더라도 그렇게 학습한 것을 개별적으로 정리하는 시간도 필요하기 때문에 전체 학습계획 속에서 선택과 배제는 불가피하다.

함께 학습하는 일정을 조정하는 과정에서 완벽한 합의에 이를 수도 있지만 합의하기 어려운 경우도 발생한다. 학생들마다 합의할 수 있는 시간대에 차이가 있을 수 있기 때문이다. 서로 수강하는 시간도 다르기 때문에 그러한 시간을 피해 일정을 조정하다 보면 실질적으로 학습동아리에 참여하기 어려운 경우도 발생한다.

이 모든 조정의 과정을 거쳐 학습동아리에서 함께 학습할 교과목, 함께 학습하는 요일과 시간이 정해진다. 특정 교과목의 학습동아리에는 참여 숫자가 많을 수도 있다. 이 모든 것이 개별 학생의 학습설계 속에서 고려되어야 한다. 이렇게 보면 학습동아리에서의 학습설계와 이를 고려한 개별 학생의 학습설계는 동일할 수 없다. 이 점에서 전자를 위해 특별히 관심을 더 기울여야 하는 사람이 필요하게 된다.

강의계획서에 15주 동안 다룰 전체 주제와 하위주제가 명시되어 있고, 참고할 문헌들이 제시되어 있기 때문에 이를 중심으로 각 주차마다 무엇을 어떻게 함께 학습할 것인가 설계하는 것이 가능하다. 모두 동일한 비중으로 학습에 참여할 것이 전제가 되지만, 좀 더 관심을 기울여 예습을 하고 이를 다른 학생들과 나누는 과정에서 주도적인 역할을 하는 분담을 할 수 있다. 이렇게 되면 15주 동안 각 주차마다 책임 있게 학습동아리에서 주도적인 역할을 할 사람을 배치할 수 있다.

학습동아리에서의 학습진행

학습동아리는 친목을 전제로 한다. 그렇다고 친목에 더 많은 비중을 두는 것은 바람직하지 않다. 학습동아리에서 친목은 전적으로 학습을 좀 더 활력 있게 진행하기 위해 필요한 것이고, 그 점에서 수단적인 것이다. 그러므로 학습동아리에서는 주된 활동을 학습에 두고, 그 전후에 친목을 위한 활동을 할애하는 것이 바람직하다.

학습동아리의 모임이 시작되면 먼저 해당 주차에 책임을 맡은 사람이 발제를 한다. 여기서 발제는 해당 주차에서 다루게 될 주제에 대하여 개관하고, 주 교재나 보충이나 심화를 위한 참고문헌에서 관련된 내용을 체계적으로 정리하여 발표하는 것을 말한다. 물론 여기에 개인적인 견해를 덧붙일 수 있다. 이러한 발제는 미리 준비해야 하기 때문에 이를 위해 다른 학생들에 비해 많은 시간을 할애해야 한다.

이 학습은 예습의 성격이 강하기 때문에 학습동아리를 통해 심도 있는 논의를 장시간 이끌어가는 데 한계가 있다. 학습동아리 활동을 통해서는 교과내용의 전체적인 윤곽을 다시 한 번 더 확인하고, 그 세부내용에 대해 선지식을 갖는 것으로 한정할 수밖에 없다. 그렇다고 발제자의 발제를 수동적으로 듣기만 하는 것은 바람직하지 않다. 다른 학생들도 적어도 주 교재 정도는 미리 학습하고 오고, 그 과정에서 생성된 질문을 함께 나누는 것이 필요하다. 교과내용을 다루면서 좋은 질문을 주고받는 것은 매우 중요하다.

각 교과목마다 제공되는 강의계획서를 검토하면서 담당교수의 문제의식을 파악하게 되면, 학생 역시 그 문제의식을 교과내용에 적용해 보는 작업을 해야 한다. 따라서 학습동아리에서는 이 문제의식을 다시 확인하고, 그 문제의식을 가지고 있을 때 가능한 질문들을 열거해 보고, 이에 대해 잠정적인 답을 모색해 보아야 한다. 학습동아리에서 정해진 시간에 이 작업을 충분히 할 수는 없다. 그러므로 학습동아리를 통해 한 번에 예습을 마무리한다고 볼 수는 없다. 오히려 학습동아리를 통해 좀 더 예습해야 할 부분을 확인한다고 할 수 있다.

학습동아리에서 하는 모든 활동은 형식적인 것이 아니다. 학습동아리에서는 일정한 절차만 따르면 충분한 것이 아니라 예습을 밀도 있게 진행해야 한다. 발제 이후 제기되는 질문들의 가닥을 정리하고, 이 질문들에 대해 체계적으로 답을 모색하는 노력을 해야 한다. 자체적으로 모색한 답으로 충분한 경우도 있지만, 일반적으로 보충하고 심화하는 별도의 학습이 더 필요하다는 것을 인식하는 수준에서 일단 마무리하게 된다. 이것을 개별적으로 진행하게 할 수도 있고, 별도로 한 번 더 모임을 가져서 논의하는 계획을 세울 수도 있다.

학습동아리에서의 모임을 일회성 사건으로 만들 수도 있다. 그러나 여기에 기록이 따라붙게 되면 모임은 일회성 사건으로 머물지 않는다. 매번 모일 때마다 어떤 주제에 대해 누가 발제를 하고, 어떤 질문들이 나왔으며, 이 질문들에 대해 어떤 논의들이 오갔는지 정리할 수 있다. 이 기록은 별도의 노력이 수반되는 작업이다. 그러한 번거로움 때문에 대부분의 학습동아리가 활동 기록을 남기지 않는 경향이 있다. 활동 기록은 발제자가 주도할 수 있으며, 이 기록을 학습동아리의 역사로 남겨 놓을 수 있다.

학습과 봉사

학습의 결과는 일차적으로 개인의 성장으로 나타난다. 그리고 개인의 성장은 그가 몸담고 있는 조직의 성장으로 이어진다. 이

106

점에서 학습은 당사자에게 이익을 가져다주는 것 이외에 누군가에게 봉사하는 것으로 파악될 수도 있다. 이 점에서 학습을 개인적 행위로 한정하지 않고 사회적인 행위로 보는 관점이 타당성을 갖게 된다. 학습의 결과로 의도하지는 않았지만 막연하게 봉사하는 차원을 넘어서서 학습의 결과를 가지고 의도적으로 누군가에게 봉사하는 것도 가능하다.

학습을 하면서 현상을 보는 안목의 수준이 높아지게 된다. 물론 이 수준은 상대적인 것이다. 당사자는 이 수준을 지속적으로 높여 나가야 하는 과제를 안고 있다. 그러나 현재의 수준에서 자신보다 낮은 수준에 있는 사람들에게 조력할 수도 있다. 이 조력은 가르침으로 나타날 수도 있고, 전문적인 의견을 개진하는 것으로 나타날 수도 있다. 교과내용을 현실에 조회하는 작업을 하다 보면 이렇게 조력이 필요한 영역을 발견하게 되기도 한다. 이러한 조력은 다루는 교과내용이 현실에서 어떻게 작동하는가를 직접 체험하는 기회를 제공한다는 점에서 당사자의 학습에도 도움이 되는 것이다. 즉, 전공과 관련된 봉사는 전공과 관련된 지식이 작동되는 현장을 지속적으로 드나들 수 있다는 점에서 의미가 있다. 무엇보다도 조력이 필요한 사태를 부분적으로 보지 않고 총체적으로 보게 되는 기회를 가질 수 있다는 점에서 의미가 있다.

학위과정을 마치면 그 학위를 자격으로 하여 수익이 창출되는 일을 할 수 있다. 그러나 학위과정 중에는 그러한 수익에 대한 관심에서 벗어나서 자신이 관심을 갖는 분야에서 도움을 필요로 하는 사람들에게 도움을 주는 것을 생활화할 수 있다. 이러한 경험은 자신이 관심을 갖는 분야에 대한 인식을 전환하는 데도 도움이 될 수 있으며, 근대 이후 무너진 공동체성을 회복할 필요성을 인식하는 데도 도움이 될 수 있다.

특정한 분야를 전공한다고 하더라도 그 분야에 한정해서만 봉사할 수 있는 것은 아니다. 우리는 전공 분야 이외에도 다양한 분야에 대해 관심을 가질 수 있으며, 이를 취미로 발전시켜 나갈 수 있다. 후자로도 봉사가 가능하며, 실제로 봉사를 위해 별도로 자신의 관심 분야에 대한 식견과 거기서 요구되는 능력을 발전시켜 나가는 사례도 적지 않다. 어느 경우이든 봉사하는 삶을 예외적인 삶이 아니라 일상적인 삶으로 이어가는 것은 공동체성 회복을 위해서나 개인의 삶을 풍부하게 하기 위해서나 필요하고 바람직한 것이다.

학습동아리는 봉사와 관련하여 하나의 단위가 될 수 있다. 즉, 개별적인 봉사가 아닌 학습동아리 차원의 봉사가 가능한 것이다. 이를 위해서 학습동아리에서는 학습설계만이 아니라 학습의 결과를 토대로 한 봉사설계도 해야 할 것이다. 봉사는 한 달에 한 번씩 할 수도 있고, 분기별로 또는 방학 중에 할 수도 있다. 이 봉사는 지역에서 하게 된다는 점에서 지역의 유관 단위들과의 연계가 필요하다. 물론 봉사 차원에서 현실에 어떻게 접속해 들어갈 수 있는가에 대한 학습도 필요하다. 봉사하고 싶다고 해서 언제 어디서나 쉽게 봉사할 수 있는 것은 아니기 때문이다.

봉사는 일회성으로 하지 않고 지속적으로 하는 것이 바람직하다. 우리는 빈부격차를 포함하여 정보격차 등 다양한 영역에서 격차가 벌어지고 있는 시대에 살고 있다. 이 격차를 당연한 것으로 받아들이고 방치하지 않고, 구조적으로 그렇게 된 것으로 인식하고 적합하게 개입하는 방식을 취할 수 있다. 그 하나의 방식이 바로 봉사활동이다. 구조적인 문제는 개인적으로 해결하기 어려운 문제를 말한다. 그렇다고 개인적으로 노력할 여지가 없는 것은 아니다. 더구나 개인적인 노력에 집단적인 조력이 뒷받침될 때 그 노력은 좀 더 탄력을 받을 수 있다. 이러한 구조적인 문제는 현실적으로 사라지기 어려운 문제이므로 지속적인 개입이 절실하게 요구되기도 한다.

학습동아리의 전통

대학에서 교과목을 이수하면서 학습동아리를 구성하여 함께 학습할 때, 개별 교과목을 함께 학습하는 것을 학습동아리 내의 소모임으로 규정할 수도 있다. 이렇게 보면 한 전공 분야 또는 한 학과 내에 하나의 학습동아리가 있고, 여기에 학년별 소모임이 있으며, 다시 교과목별 소모임이 있는 체계를 구상하는 것이 가능하다. 이 경우 한 전공 분야 또는 한 학과 자체를 하나의 학습동아리로 조망하는 셈이 된다. 여기서 학습동아리는 학습공동체와 다르지 않다.

학습동아리를 학년별로 운영한다는 것은 학년별 학습동아리 소모임이 매년 연속성을 갖는다는 것을 의미한다. 매년 학년 구성원은 달라지지만 선배의 뒤를 이어 후배가 그 소모임을 지속하는 것이다. 이것을 하나의 전통으로 정립할 수 있다. 앞서 언급한 봉사를 지속적으로 할 뿐만 아니라 선배에서 후배로 이어지게 할 때 이것 역시 하나의 전통이 될 수 있다. 이처럼 학습동아리가 시간의 흐름 속에서 전통을 갖게 될 때 그 자체가 역사가 될 수 있다.

학습동아리에서 하는 활동이 선배에서 후배로 이어지면서 선배는 자신의 활동뿐만 아니라 후배의 활동에 대해서, 후배 역시 자신의 활동뿐만 아니라 선배의 활동에 대해서 알고 기억할 수 있다. 일부는 직접 보고, 일부는 들어서 알게 된 것을 기억하는 것이다. 그러나 이 기억에는 한계가 있다. 기억에서 사라지고, 이에 관한 기록이 전혀 없으면 역사 또한 사라진다. 이 점에서 학습동아리의 활동을 기록하는 것은 역사를 남기는 작업이기도 하다. 이러한 기록이 없으면 기억이 사라지는 순간, 예컨대 2014년 학습동아리 활동의 흔적 역시 사라지게 된다. 그러므로 사람들 간에 이야기로 기억을 전달하는 데 머무르지 않고 이야기되기 이전의 활동 자체를 기록으로 남기는 작업을 하는 것이 매우 중요하다. 이러한 기록 자체가 전통이 되어야 하는 것이다.

전통은 그 자체로 가치 있는 것이라는 전제가 있다. 전통에서 형식을 가치 있게 생각할 수도 있지만 전통에 담겨 있는 정신을 가치 있게 생각할 수도 있다. 전자를 세대를 이어가면서 그대로 유지하는 데는 한계가 있다. 그러나 후자의 경우에는 계속 이어가는 것이 가능하다. 정확히 말하면, 후대에 의한 재해석에 따라 이어가는 것이며, 이러한 재해석으로 인해 형식도 달라질 수 있다. 학습동아리에 대한 기록을 아날로그 형태로 종이에 남기는 것이 아니라 디지털 형태로 유에스비와 같은 저장장치에 담아 놓는 것이 그 예가 될 것이다. 여기에는 사진을 포함하여 동영상 자료도 함께 남겨 놓을 수 있다.

대학에서 동문수학했음에도 불구하고 졸업한 이후에 함께 학습하는 모임을 지속하는 경우는 흔하지 않다. 대학의 교수와 그의 제자들로 이어지는 교육의 흐름이 존재하기는 하지만 이것은 특별한 경우에 속한다. 전공 분야의 현장에서 만남을 이어가고, 그 현장에서 생기는 문제의식을 공유하고, 그것을 학술적인 공론의 장에 가지고 나와 논의하고, 전공 분야에서 학계와 현장이 협업을 진행하면서 그 분야의 발전을 위해 노력하는 모습은 쉽게 찾아보기 어렵다. 대학이 학위취득을 위한 통로 이상의 의미를 갖지 못하고 있는 것이 현실이다.

대학은 전공 분야를 중심으로 만나 학습공동체를 형성하는 좋은 계기를 제공한다. 여기에 참여하는 사람들은 고정되어 있지 않다. 그러나 학번을 이어가면서 지속성을 갖는 모임의 역사를 쓰는 것이 불가능한 것은 아니다. 학문공동체이자 교육공동체인 대학은 적어도 이러한 역사를 쓸 수 있어야 한다. 학습동아리를 구성하고, 이 학습동아리를 일시적인 모임으로 만들지 않고 지속적인 모임으로 만드는 노력을 할 때, 대학에서의 학습의 결과가 개인의 전유물로 흩어지지 않고 학계와 현장의 상생으로 이어지는 고리가 될 수 있다. 이러한 전통은 평생학습시대에 새롭게 수립해야 하는 전통이다.

보고서 작성 및 토론

chapter 3

보고서 작성 및 토론

1. 보고서의 평가기준

대학에서 보고서는 교수가 제시한 과제에 대해 학생이 다양한 방법을 동원하여 조사하고, 그 과정에서 수집한 자료를 분석하고 해석하는 논의를 담아 작성하는 것이다. 따라서 학생이 작성하는 보고서의 독자는 바로 교수이다. 이 점에서 보고서는 교수와 학생이 서로 소통하기 위한 매개체라고 할 수 있다. 이때의 소통은 학생의 편에서 자신의 수준을 드러내고 교수의 편에서 이를 감식하여 해당 학생과 이후에 교육적 소통을 위한 접점을 찾는 과정으로서 의미가 있다.

이 절에서는 보고서를 평가할 때 일반적으로 적용되는 기준에 대해 논의한다.

보고서의 창의성

보고서를 평가할 때 교수가 염두에 두는 기준 중 하나는 창의성이다. 여기서 창의성은 학문의 세계에서 커다란 진전으로 평가될 정도로 독창적인 산출물을 내놓을 때 학생이 가지고 있음직한 태도를 말하는 것이 아니다. 여기서 말하는 창의성은 다른 사람의 생각을 토대로 좀 더 진전된 방식으로 자신의 생각을 전개하려고 노력하는 학생의 태도이다. 학부과정에서 교수는 학생에게 그런 수준의 창의성을 기대한다. 다시 말하면, 교수는 엄격한 의미에서 자신도 지속적인 노력을 해야만 어느 순간 발휘되는 창의성을 단위 교과목을 이수한 학생에게 발휘하라고 요구하지 않는다. 만약 그러한 요구를 한다면 그것은 적합한 것도 타당한 것도 아니다.

대학에서는 교과목을 이수하면서 교재를 포함하여 많은 참고문헌을 접하게 된다. 그 내용을 읽고 이해하는 작업이 교과목을 이수하는 기간 내내 이어진다. 수업을 시작하는 단계에서 보고서를 작성하여 제출하라고 요구하는 경우는 없다. 교수는 어느 정도 수업을 진행한 이후에 수업에서 다루어진 내용을 토대로 하여 작은 매듭을 짓는 방식으로 보고서를 작성하게 한다. 따라서 보고서를 작성하는 것은 수업의 맥락 속에 있고, 따라서 수업의 연장선에서 수행하는 것이다.

교수가 학생에게 기대하는 것은 교재에 있는 내용을 학생이 그대로 반복하는 것이 아니다. 교재에 있는 내용을 가지고 다른 문헌을 참고하면서 이미 수업을 진행했기 때문에 교수는 학생이 그 내용을 어떻게 이해했는가를 학생의 언어로 표현하기를 기대한다. 다시 말하면, 교재에 어떤 내용이 있다는 것을 반복하기보다는 그 내용을 자신이 어떻게 이해했는가를 보고하기를 기대하는 것이다. 그 이해의 수준이 상대적으로 낮다고 하더라도, 그것은 어떤 의미에서 이전에 없던 새로운 골을 내는 것이다. 그리고 이것은 그만큼 창의적인 것이다. 그러므로 교육의 맥락에서 요구되는 창의성은 절대적인 것이 아니며, 언제나 상대적인 것이다.

보고서의 처음부터 끝까지 전체 내용을 온전히 자신만의 언어로 채운다는 것은 거의 불가능하다. 우리가 아는 대부분의 것은 다른 사람으로부터 배운 것이다. 온전히 나만의 독창적인 것이라고 말할 수 있는 것은 거의 없다고 보아야 한다. 그럼에도 불구하고, 다른 사람으로부터 배울 때 그 배움은 나의 인식체계 안에서 이루어지는 것이다. 즉, 나만의 배움의 맥락이 있다. 어느 누구도 동일한 배움의 맥락에 있는 것은 아니므로 누구나 자신만의 고유한 이해의 여지를 갖게 된다. 그 여지를 가지기 위해 노력하는 한 학생은 창의적이라고 할 수 있다.

창의성과 관련하여 분명히 해야 하는 것 가운데 하나는 참고하는 것과 그것에 대한 자신의 생각을 분명하게 구분하는 것이다. 참고하는 것은 출처를 밝히는 것이 타당할 뿐만 아니라 보고서 작성의 윤리에도 부합하는 것이다. 특정한 주제와 관련하여 참고한 내용을 잘 요약하여 제시하고, 그 요약을 토대로 하여 좀 더 진전된 자신의 생각을 전개하는 것이 보고서 작성에서 하는 작업이다. 이것은 자신의 글이 주어진 주제와 관련된 전체 맥락 속에서 어느 위치에 있는가를 밝히고, 거기서 자신은 한 걸음을 어떻게 내딛고 있는가를 분명히 하는 것이다.

이 점은 실험한 내용을 다루는 보고서의 경우에도 예외는 아니다. 실험은 교과목에서 다루는 논의의 맥락 속에서 수행하는 것이다. 따라서 실험과 관련된 논의의 맥락에서 어느 방향으로 논의를 진전시켜 나갈 것인가는 학생의 몫이다. 여기서 학생은 그 논의의 맥락을 충분히 이해해야 하며, 그 이해를 토대로 자신의 능력 범위 안에서 자신의 생각을 최대한 밀고 나가야 한다.

보고서의 논리성

보고서를 평가할 때 교수가 염두에 두는 기준으로 논리성이 있다. 논리성은 언어를 사용하여 학생이 교수를 상대로 교육적 소통을 시도하다는 점에서 보고서 작성에서 필연적으로 요청되는 것이다. 학생이 중언부언하거나 도대체 무슨 말을 하고 있는지 파악하기 어렵게 보고서를 작성한다면 그 보고서에 대한 평가 자체가 어렵게 된다. 엄밀하게 말하면, 그러한 보고서는 아직 평가할 수준이 아니다. 왜냐하면 글을 논리적으로 전개하는 것은 보고서 작성에서 가장 기본적이고 기초적인 것이기 때문이다.

글이 논리적이지 않다는 것은 글을 쓰는 사람의 생각이 명료하지 않다는 것을 반증한다. 제대로 이해하지 못한 내용을 이야기할 때 두서가 없거나 연결이 매끄럽지 않게 된다. 자신의 논지의 전체적인 흐름을 사전에 인지하고 있지 못할 때 역시 이야기의 두서가 없거나 연결이 매끄럽지 않게 된다. 그러므로 글을 쓸 때에는 특정한 주제와 관련되어 있는 하위주제들을 엮어 어떤 방식으로 어떻게 논의를 전개할 것인지 구상의 단계를 충분히 거쳐야 한다.

단어와 단어를 연결하여 하나의 문장으로 구성하고, 문장과 문장을 연결하여 하나의 문단으로 구성하며, 문단과 문단을 연결하여 하나의 절을 구성하고, 절과 절을 연결하여 하나의 장으로 구성하며, 장과 장을 연결하여 하나의 보고서를 완성하게 된다. 이 모든 연결에서 요구되는 것이 논리성이다. 다시 말하면, 모든 연결이 논리적이어야 한다는 것이다.

단어와 단어를 연결하여 하나의 문장을 구성할 때 그 문장은 논리적이어야 하며, 그 이전에 어법에 맞아야 한다. 무엇보다도 주술 관계가 분명한 것이 문장의 논리에서 중요하다. 다음 문장을 보자.

"현재를 충실하게 사는 것도 중요하지만 미래를 대비하는 것도 여기에 포함된다."

현재를 충실하게 사는 것과 미래를 대비하는 것이 하나의 대비를 이룬다고 할 수 있다. 따라서 미래를 대비하는 것도 중요하다는 유추가 가능하다. 그러나 '여기에'가 '현재를 충실하게 사는 것에'라면 '미래를 대비하는 것'도 '현재를 충실하게 사는 것'의 일부가 된다. 그러나 이 문장을 한 번 읽는 것으로 현재를 충실하게 사는 것 속에 미래를 설계하는 것이 포함된다는 의미를 읽어 내는 것이 자동적으로 이루어지는 것은 아니다. 이 문장은 하나의 문장 이상으로 풀어 써야 그 의미가 제대로 전달될 수 있다.

문장과 문장을 연결하여 하나의 문단을 구성할 때 그 문단은 논리적이어야 한다. 그래야 한 문단 안에서 하나의 일관된 논지를 펼치게 된다. 따라서 하나의 문장으로 하나의 문단을 구성하는 것은 좋지 않다. 또한 한 문장 내에서 서로 다른 논지를 펼치는 것도 적합하지 않다. 물론 서로 연결되지 않은 문장을 나열하는 것 역시 적절하지 않다. 다음 문단을 보자.

"교육에서는 기다림이 다른 어느 부문보다 중요하다. 교육에 참여하는 어느 누구도 저절로 성장하지 않는다. 성장에 대한 판단은 누가 하는가? 학습자 자신이 할 수도 있지만 교수자가 전문적 식견에 비추어 하기도 한다. 교육에서는 어떻게 기다려야 하는가? 학습자가 직면한 어려움을 해결하지 못하고 있을 때 바로 개입하기보다는 어디서 어려움에 직면해 있는가를 파악하고 그 어려움을 해결할 때까지 기다려야 한다. 조력이 필요하다면 그것은 길을 안내하는 정도에 머물러야 한다."

　교육에서 기다림이 중요하다는 주장을 하면 그 다음에는 그 주장의 타당성을 입증하는 논의를 해야 한다. 그런데 인용한 문단에서는 기다림의 중요성에 대한 주장에 이어 성장에 대한 판단 주체에 대해 언급하고, 그 다음 기다림에서 교수자의 자세에 대해 언급하고 있다. 한 문단 안에서 세 가지 다른 논지가 언급되고 있는 것이다. 글의 논리성을 고려한다면 이 세 가지 논지는 서로 다른 문단으로 또는 절을 달리하여 기술되어야 한다.

　동일한 방식으로 절 내에서의 논리성과 장 내에서의 논리성, 더 나아가 절 간의 논리성, 장 간의 논리성에 대해 생각해 볼 수 있다. 요컨대 보고서는 처음부터 마지막까지 논리성을 갖추어 작성되어야 한다.

보고서의 타당성

　보고서를 평가할 때 교수가 염두에 두는 기준으로 또한 타당성이 있다. 타당성은 두 가지 점에서 검토의 대상이 된다. 하나는 보고서에서 다루고자 하는 것을 일관되게 다루고 있는가 하는 것이다. 다른 하나는 보고서에서 언급하고 있는 논지를 뒷받침하는 근거를 분명하게 제시하고 있는가 하는 것이다. 이 두 가지 조건이 충족되지 않으면 그 보고서는 타당성을 결여하고 있다고 말할 수 있다.

　보고서의 타당성은 앞서 논의한 보고서의 논리성과 밀접하게 관련되어 있다. 글의 논지를 타당하게 전개하는 것은 글을 논리적으로 전개하는 것에 포함된다고 보아야 할 것이다. 그러나 부분적으로 글이 논리적이라고 하더라도 전체적으로 보면 타당성이 결여된 경우도 존재하고, 다루고자 하는 것을 일관되게 다루고는 있지만 세부적으로 글의 논리성은 떨어지는 경우도 있으므로 글의 타당성과 논리성은 구분된다.

일반적으로 보고서에서는 하나의 주제를 다루게 된다. 따라서 보고서는 전체적으로 이 주제로 수렴되어야 한다. 이 주제와 관련하여 확산적 사고를 하고 그 내용을 보고서에 담는다고 하더라도 전체적으로 그 주제로 수렴되는 논의가 되어야 한다는 점이 달라지는 것은 아니다. 또한 하나의 주제와 관련되어 있는 하위주제들을 다룰 수도 있다.[1] 그러나 여기서 하위주제들은 상위 범주의 주제로 포괄되어야 하므로 하나의 주제를 다루는 초점이 흐려져서는 안 된다.

특정한 주제를 다룰 때 그 주제와 관련하여 외적으로 관련되어 있는 주제들이 있다. 예컨대 학교교육의 문제를 논의하면서 그와 관련된 현상의 하나로 학벌에 대해 논의할 수 있다. 그러나 주 초점은 학교교육이므로 학벌에 대해 필요 이상으로 논의하는 것은 적절하지 않다. 학벌에 대해 정도 이상의 지면을 할애하는 경우 보고서의 주제는 학교교육이 안고 있는 고유한 문제에서 벗어나게 된다.

학교교육이 안고 있는 문제는 다각도로 조명해 볼 수 있다. 보는 각도에 따라 학교교육이 안고 있는 문제들을 나열하는 것이 가능하고, 그 문제들 간의 관계에 대해 논의하는 것도 가능하다. 그러나 학교교육의 문제를 다루는 보고서를 작성할 경우 작성자의 문제의식이라는 것이 있다. 바로 그 문제의식에 따라 걸러지는 것

---

[1] 그렇다고 한 보고서에서 하위주제 모두를 망라하는 것은 가능하지도 현실적이지도 않다. 일반적으로 보고서는 일정한 범위 안에서 작성하게 된다.

들을 집중적으로 다루는 것이 보고서에서 수렴적인 논의를 하는 데 적합하다. 그렇지 않으면 무수히 많은 하위문제들을 언급하면서 전체적인 논지의 초점이 흐려지게 된다.

보고서에서 학생이 어떤 주장을 할 때 그 주장이 임의적이어서는 안 된다. 왜 그러한 주장을 하게 되었는가를 보여 주는 맥락이 납득할 수 있어야 하고, 그 주장을 뒷받침하는 근거들 또한 설득력이 있어야 한다. 다시 말하면, 보고서에서의 주장은 학생이 혼자서 하고 마는 주장이 아니라 그 보고서를 읽는 교수와의 소통을 염두에 둔 주장이어야 한다. 이 점에서 그 주장은 설득적이어야 하는데, 여기서 설득은 논리적인 방식으로 진행되어야 한다.

이렇게 볼 때 보고서에서는 논의 맥락을 잘 보여 주어야 한다. 학생은 어느 날 갑자기 등장한 것이 아니라 보고서에서 다루고자 하는 주제와 관련된 논의의 오랜 역사적 흐름 속에 있다. 그 흐름 속에서 어디에 어떻게 위치하고 있는가를 보여 주어야 보고서를 읽는 교수가 보고서의 내용을 이해하는 데 도움이 된다. 앞서 언급한 보고서의 창의성은 이러한 맥락 속에서 그 의미를 갖게 된다. 완전히 새로운 창의적인 것은 현실적으로 기대하기 어렵다. 이전에 비해 어느 부분이 어느 정도 새로운가에 비추어 창의적인 정도에 대해 논의할 수 있다.

이전 논의와의 관계 속에서 현재 논의의 타당성을 확보하는 것 이외에도 관찰한 자료와 면담한 자료 또는 다양한 통계자료를 활용하여 논의의 근거로 제시할 수 있으며, 실험보고서의 경우 실험 결과로 논의의 근거를 삼을 수 있다. 통계자료의 경우에는 기존의 자료를 활용할 수도 있고, 보고서를 작성하면서 새롭게 자료를 생성하여 활용할 수도 있다. 관찰자료와 면담자료의 경우에도 새롭게 생성하여 활용할 수도 있지만, 논의의 맥락에 부합한다면 기존의 자료를 활용할 수도 있다. 물론 어떤 자료든 그 자료가 정말 타당한 근거가 될 수 있는지 엄밀한 검토가 필요하다.

보고서의 체계성

보고서는 체계적이어야 한다. 대학에서의 보고서는 오랜 역사 속에서 그 틀을 다듬어 왔다. 따라서 그 틀은 단순히 임의적인 것도 옛것도 아니며, 지속적으로 활용할 수 있는 전통적인 것이라고 할 수 있다. 이 틀에서 핵심적인 것이 바로 체계성이다. 이 틀은 처음 시작하고 마무리하는 것까지 일정한 순서에 따라 보고서를 작성하는 하나의 전형을 보여 준다. 이 틀은 하나의 전형이기 때문에 여기에 약간의 변형이 있을 수 있다. 그러나 그 변형은 전체적으로 보면 앞서 언급한 보고서의 논리성에서 벗어나지 않는 범위 안에서 이루어진다.

다시 말하면, 보고서의 체계성은 보고서의 처음에서 마지막까지 일정한 순서에 따라 글을 전개하는 것을 의미한다. 그리고 이 순서는 논리적이어야 한다. 먼저 보고서를 어디에 초점을 맞추어 작성하는지 명시해야 한다. 그리고 바로 그것에 초점을 맞추는 이유에 대해서도 논의해야 한다. 이것은 교수의 관심을 촉발하는 계기로 작용할 수 있다. 특정한 주제를 특정한 이유로 다루게 되었다는 것, 한마디로 문제의식에 대해 공감하게 될 때 교수는 그 다음에 전개되는 논의에 계속 주목할 수 있다.

그 다음 문제의식을 풀어 나가기 위해 간결하게 질문을 제시하고, 그 질문에 답하기 위해 동원하는 적합한 방법을 명시한다. 특정한 문제의식을 가지고 있다고 하더라도 한 보고서 안에서 관련된 모든 문제를 다 해결할 수는 없다. 그래서 한 보고서 안에서 해결할 수 있는 문제를 질문의 형식으로 제시하는 것이다. 어떤 질문이든 그 질문에 답하기 위해서는 적합한 방법을 활용해야 한다. 문헌분석이 필요한 경우도 있고, 관찰이나 면담이 필요한 경우도 있으며, 설문지조사나 실험이 필요한 경우도 있다.

특정한 주제에 대해서 관심을 가지게 된 특정한 이유, 그리고 한정된 몇 가지 질문을 품게 된 맥락을 보여 주기 위해 선행논의를 검토하게 된다. 특정한 주제에 대해 관심을 가지게 된 특정한 이유에 해당하는 문제의식은 보고서를 시작하며 언급하지만, 여기서는 개략적으로 언급하게 된다. 이에 대한 구체적인 언급은 선행논의와의 관련 속에서 하게 되는데, 이 자체가 특정한 주제에 대해 관심을 가지게 된 특정한 이유를 정당화하는 작업이기도 하다. 여기까지가 보고서의 서론에 해당한다.

특정한 방법을 활용하여 질문에 답하는 내용이 보고서의 본론에 해당한다. 질문을 염두에 두고 특정한 방법을 활용하여 자료를 생성하게 되며, 이 자료에 대한 분석과 해석 역시 질문을 염두에 두고 진행된다. 생성된 자료와 이에 대한 분석과 해석의 결과를 어떤 방식으로 제시할 것인가는 연구 전통에 따라 다를 수 있다. 논의에 적합한 자료를 제시하고 그 자료에 대한 분석과 해석을 제시하는 방식으로 기술할 수도 있고, 분석하고 해석한 결과에 따라 논의를 진행하면서 이를 뒷받침하는 적합한 자료를 제시하는 방식으로 기술할 수도 있다.

서론에서 본론에 이르기까지 논의한 내용을 최대한 요약하여 제시하고, 이를 토대로 최종적으로 한 단계 진전된 논의를 하는 것으로 결론을 삼게 된다. 이 결론에서 후속해서 주목해야 할 과제를 언급할 수도 있다.

마지막으로 서론에서 결론에 이르기까지 참고한 문헌이 있다면 이를 정리하여 제시해야 한다. 그리고 참고문헌에 명시한 것은 보고서에서 논의를 하면서 해당하는 부분에도 표기를 해야 한다. 이 표기방식은 관례를 따르면 된다.

이처럼 보고서를 작성하면 교수는 학생이 이 보고서를 왜 작성하게 되었고, 어떤 절차에 따라 작성하였으며, 어떤 내용을 담았고, 그 내용을 담는 과정에서 어떤 문헌들을 참조했는가를 알 수 있다. 이렇게 체계적으로 작성된 보고서는 최소한의 타당성을 확보한 보고서이면서 동시에 최소한의 논리성도 확보한 보고서가 될 수 있다.

보고서의 한계에 대한 인식

앞서 언급한 것처럼 한 보고서 안에서 특정한 주제와 관련된 모든 문제를 해결할 수는 없다. 이 점에서 어떤 보고서도 일정한 한계를 안고 작성하게 된다. 보고서를 작성할 때는 바로 이 한계를 분명하게 인식하고 있어야 한다. 이 한계와 맞물려 있는 것이 보고서에서 다루는 주제의 범위이다. 즉, 특정한 주제와 관련하여 일정한 범위 안에서 보고서에서 다루는 것이다. 학생이 현재 가지고 있는 문제의식은 학생의 앎이 확대되고 심화됨에 따라 계속 확장될 수 있다. 그러나 현재의 앎의 수준에서 해결하기에 적합한 문제의식이 있다. 그 수준 이하에 해당하는 것은 문제의식이라고 할 수도 없으며, 그 수준을 훨씬 넘어서는 것은 학생의 역량을 벗어나게 된다. 그러므로 현재의 역량의 범위 안에서 관심이 있는 문제를 해결하는 내용으로 보고서의 범위를 한정하게 되는 것이다.

보고서의 한계와 관련하여 분명히 해야 할 점이 있다. 그것은 한계에 대한 이해와 관련된 것이다. 한계가 있다고 해서 그것을 문제가 있는 것으로 보는 것은 타당하지 않다. 한계를 인식하고 일정한 범위 안에서 보고서를 작성하는 것은 적합한 것이다.

보고서에서 특정한 질문에 답하는 데 활용하기에 적합한 방법이 있다. 이 방법에 대한 선택은 타당해야 한다. 타당한 방법을 선택한 경우 다른 방법은 적합하지 않은 방법이 된다. 따라서 다른 방법을 선택하지 않았다는 것이 보고서의 문제점이 될 수는 없다. 만약 좀 더 타당한 방법이 있고 그 방법을 학생이 알고 있음에도 불구하고 활용하지 않았다면 그것은 보고서의 문제점이 될 수 있다.

대략적인 인식의 경향을 파악하기 위해 주로 사용하는 방법은 설문지조사이다. 설문지조사의 응답을 분석할 때는 응답자 개인이 왜 그러한 반응을 보였는가에 대해서는 주목하지 않는다. 왜냐하면 그에 대한 답을 할 수가 없기 때문이다. 따라서 설문지조사를 통해 보고한 내용에 대해 응답자 개인이 특정한 반응을 보인 이유를 다루지 않았다는 것을 문제 삼을 수는 없다.

전형적인 하나의 사례를 선택하여 그 사례로 하여금 논지를 드러내는 방법을 활용하는 경우도 있다. 하나의 사례 속에는 다양한 쟁점이 있고, 그 쟁점을 잘 드러내는 것이 보고서에서는 중요하다. 여기서의 관심은 사례를 다른 사람들에게도 일반화할 수 있는가 하는 것이 아니다. 사람들마다 사례로서 갖는 구체성과 설득력은 다 다르다고 보아야 할 것이다. 그럼에도 그 사례들에 공통적인 일반적인 경향이라는 것도 있을 것이다. 그러나 논의를 위한 쟁점을 도출해 내는 데 관심이 있는 경우, 쟁점을 도출하는 과정의 타당성을 문제 삼지 않고 사례의 일반성을 문제 삼는 것은 타당하지 않다.

보고서를 작성하면서 학생이 인식하고 있는 한계와 그에 따른 선택 그리고 이에 수반되는 범위의 제한이 과연 타당한가에 대해서는 문제 삼을 수 있다. 그러나 이 모든 것이 타당한 방식으로 이루어졌다면 그에 따라 논리적으로 받아들여야 하는 사항들에 대해 문제 삼을 수는 없다.

보고서를 작성하면서 선행논의에 대해 참조하지만 전 세계에서 산출된 모든 문헌을 참조할 수는 없다. 이것 역시 일정한 범위 안에서 문헌을 조사하여 참조할 수밖에 없다. 따라서 범위를 한정한 것에 심각한 문제가 없다면 범위를 한정한 것 자체를 문제 삼을 수는 없다. 다만 대학에서 보고서를 작성하는 경우 일반적으로 학문공동체의 전통을 따라 보고서를 작성하게 되므로 특정한 주제와 관련하여 검토해 보아야 할 전형적인 문헌이 있을 수 있다. 이러한 문헌을 참조하지 않는다면 그것에 대해서는 분명히 문제 삼을 수 있다.❷ 대학에서 특정 교과목을 담당하는 교수는 그 교과목에서 다루는 주제 및 내용과 관련하여 전문적인 식견을 가지고 있다고 보아야 할 것이다. 따라서 관련된 주제에 대해 다양한 논의를 해 왔을 개연성이 있다. 따라서 교수의 연구 영역과 관련된 특정 주제를 보고서에서 다룰 경우 해당 교수가 어떤 논의를 했는가를 찾아 참조하는 것은 기본적이고 당연한 것이다.

---

❷ 엄밀히 말하면, 이러한 문헌은 앞서 언급한 일정한 범위 안에 포함되어야 마땅하다.

2. 보고서의 구조

보고서는 일정한 구조를 가지고 있다. 이 구조 때문에 보고서는 다른 글, 예컨대 수필과 구분된다. 보고서는 대학에서 교수와 학생이 소통하는 하나의 방식이기 때문에 그 소통이 체계적으로 이루어질 수 있도록 그 형식을 세련시켜 왔다. 이 형식에 포함되어 있는 요소들로 보고서의 구조가 갖추어진다. 즉, 구성요소들로 갖추어진 일정한 틀이 보고서의 구조가 되는 것이다. 이 구조를 아는 것은 보고서 작성에서 기본적인 것이다.

이 절에서는 보고서를 구성하는 요소들에 대해 논의한다.

서론, 본론, 결론

우리가 다른 사람과 이야기를 나누면서 먼저 운을 떼고 논지를 전개하고 마무리를 하는 것처럼 글을 쓸 때도 어떤 논지를 전개할지 운을 떼고, 이어서 상세한 논의를 하고, 논의한 내용을 간추리는 방식을 취한다. 어떤 보고서도 서론과 본론과 결론이라는 이 세 가지 요소를 갖추고 있어야 한다. 이것은 보고서의 기본 골격에 해당한다. 다른 것들은 이 세 가지 요소에 포함되거나 구분을 위해 특별히 분리해 낸 것이다.

가. 서론

서론에서는 어떤 주제에 대해 왜 관심을 가지게 되었고, 그 주제에 대해 논의하는 것이 학문공동체 내에서 어떤 의미가 있는지, 그리고 그 주제와 관련하여 어떤 질문을 가지고 어떤 방식으로 답을 찾아나갈 것인지 간결하게 기술한다. 이것은 한마디로 보고서에서 논의하는 내용의 맥락을 기술하는 것이다. 따라서 보고서의 서론만 보면 작성자가 앞으로 어떤 논의를 어떤 방식으로 전개할 것인지 예견이 가능하다.

서론에서 질문을 제시하는 것은 작성자의 문제의식과 관련이 있다. 특정한 주제에 대해 관심을 가질 때 그 관심은 막연한 관심이 아니라 의문이 내포된 관심이다. 따라서 여기에는 주제와 관련하여 기존의 논의를 참조하고 그 과정에서 가지게 된 질문이 있다는 전제가 있다. 그 질문은 다른 사람도 갖는 질문일 수 있지만, 학생이 기존의 논의를 참조하면서 스스로 가지게 된 질문이며, 따라서 학생 자신에게 의미가 있는 질문이다.❸

질문으로 드러나는 학생의 문제의식은 개인적인 것이지만 동시에 학문체계 내 어딘가에 위치를 설정할 수 있는 것이기도 하다. 학문체계에 대한 앎의 수준은 사람마다 차이가 있다. 수준의 높고 낮음이 있기 때문에 학습이 의미 있고 가능하게 된다. 누구나 각자 자신의 현 위치에서 한 단계 수준을 높이기 위해 다양한 활동을 하게 되는데 그중 하나가 보고서 작성이다. 보고서를 작성하면서 자신의 앎을 확대하거나 심화하는 작업을 하게 된다. 그 출발점에 학생의 질문 또는 문제의식이 있다.

대학에서 보고서를 작성하는 것은 학문체계에서 빠진 고리를 채우는 작업이기도 하다. 특정한 주제와 관련하여 기존 연구보고서나 논문을 검토해 보면 미처 다루지 못한 것들이 있고, 시각을 달리하면 달리 조망될 수 있는 것도 있다. 이것들이 결과적으로는 다 빠진 고리에 해당한다. 그리고 그 자체가 보고서에서 관심을

---

❸ 이 점에서 대학에서 보고서는 과제로 작성하는 것이지만, 학생 자신에게 의미 있는 질문에 대한 해답을 모색한 결과물이 된다.

가지고 답하려고 하는 질문이 의미가 있음을 예증해 준다. 따라서 특정한 주제와 관련하여 선행자료를 단순히 나열식으로 언급하는 것은 보고서의 맥락에서는 적절하지 않다. 선행자료에 대한 개관은 보고서에서 다루고자 하는 질문으로 수렴되어야 한다.

질문에 답하기 위해 활용하는 방법은 선택하는 것이며, 이 선택은 정당화되어야 한다. 그리고 그 방법을 활용하여 자료를 생성하고 분석하고 해석한 절차를 명시해야 한다. 여기서 한 가지 유념해야 할 점은 방법이 결코 질문에 선행하지 않는다는 것이다. 다시 말하면, 방법을 미리 선택하고 거기에 맞는 질문을 하는 것이 아니라 질문을 가지고 그 질문에 대한 답을 하는 가장 적합한 길을 모색하는 과정에서 방법을 선택하는 것이다.

보고서를 작성할 때는 언제나 한계를 가지고 일정한 범위 안에서 작성하게 된다. 이러한 한계를 의식하고 그 범위를 염두에 두면서 논의의 초점을 분명히 하는 것이 보고서의 본론을 전개하면서 길을 잃지 않는 최선의 방안이 될 수 있다.

나. 본론

본론에서는 서론에서 명시한 질문을 가지고 그 질문에 답하는 데 적합한 방법을 활용하여 작업한 결과 알게 된 것을 체계적으로 정리하여 제시한다. 이것은 또한 질문과 관련하여 생성한 자료에 대한 분석과 해석의 결과이기도 하다. 따라서 이 결과를 제시하는 방식은 질문과의 관련성 속에서 판단되고 결정되어야 한다. 예컨대 자료를 생성하는 과정에서 질문의 범위를 조금 벗어나는 자료가 생성될 수도 있다. 이 자료에 대해서도 관심을 가지고 분석하고 해석했다고 하더라도 질문과의 관련성 속에서 논의의 초점이 흐려질 수도 있다면 이 부분은 유보하는 것이 타당하다. 요컨대 보고서 작성을 위해 했던 모든 작업을 거의 그대로 본론에 담아내려고 해서는 안 된다는 것이다.

서론에 담아내는 내용들이 서로 논리적 관련성을 가져야 하듯이, 본론에서 담아내는 내용들 역시 서로 논리적으로 연결되어야 한다. 분석하고 논의한 결과를 본론에서 제시하면서 몇 개의 주제를 설정하고 그 주제의 하위주제들을 설정하여 기술하게 된다. 이때 주제들 간에 논리적인 연관이 있어야 하고, 하위주제들 내에서도 논리적 연관이 있어야 한다. 다시 말하면, 보고서 작업을 통해 발견하게 된 것을 단순히 나열만 하고 그것에 대한 논리적 연결을 독자에게 위임하는 것은 적합하지 않다는 것이다.

자료에 대한 분석과 해석은 별도로 제시할 수 있다. 자료에 대한 분석은 자료들 간의 관계를 검토하는 것이다. 이러한 검토를 통해 관계를 지칭하거나 관계들을 포괄하는 범주가 생성된다. 자료에 대한 해석은 이러한 범주들 간의 관계와 그 의미를 검토하는 것이다. 분석에서 해석으로 넘어가기 때문에 그 흐름에 따라 논의의 밀도는 강해진다고 말할 수 있다. 경우에 따라서는 분석을 제시하고 이어서 그 분석에 대한 해석을 제시하는 방식을 취할 수도 있다. 통계자료에 대한 분석과 해석이 그 예가 될 것이다.

다. 결론

결론에서는 먼저 서론과 본론에서 기술한 내용을 가능한 한 압축적으로 요약하여 간결하게 제시하고, 그 다음 이를 토대로 최종적으로 한 단계 논의를 진전시키는 방식의 기술을 한다. 보고서를 작성하는 과정에서 사후에 깨닫게 된 것으로 학문공동체에서 다룰 필요가 있는 것을 과제로 언급하거나, 보고서 작성을 통해 정책적으로 제언할 사항에 대해 언급하거나, 충분한 논의를 기약하면서 본론에서 기술한 해석에 대한 좀 더 과감한 해석을 언급할 수도 있을 것이다.

결론은 보고서의 후반부에 해당한다. 주어와 술어가 논리적으로 연결되어야 하는 것처럼 서론과 결론 역시 논리적으로 연결되어야 한다. 결론에서 지나친 비약은 적합하지 않으며, 본론까지의 논의를 토대로 논리적으로 가능한 범위 안에서 논의를 마무리해야 한다. 다시 말하면, 서론에서 제기한 질문에 대한 대답을 요약하고, 그 대답을 토대로 한 단계 진전된 논의이되 충분히 다루지 못하는 예시적 수준의 논의를 하는 것이 결론에 포함된다.

인용과 각주

서론과 본론과 결론에 포함되지만, 보고서 작성 과정에서 특별히 유념하여 처리해야 하는 것으로 인용과 각주가 있다. 인용은 보고서에서 전개하는 논지의 필요에 의해 끌어 쓰거나 그 논지를 뒷받침하기 위해 활용하는 것이다. 각주는 보고서에서 전개하는 논지에 대한 보충설명이 필요할 경우에 활용하는 것이다.

인용에는 두 가지 경우가 있다. 하나는 참고한 문헌을 언급하거나 그 문헌에 나와 있는 내용을 작성자가 정리하여 자신의 용어로 표현할 때 언급하는 것이고, 다른 하나는 참고한 문헌에 나와 있는 내용을 그대로 옮겨 적는 것이다.

류태호(2000)는 체육교사가 학생들을 가르치고, 이에 관해 동료교사들과 대화를 나누고 자기숙고를 하면서 직업정체성을 형성해

가는 과정을 기술하고 있다.❹

여기서 '류태호(2000)'는 류태호가 2000년에 작성한 문헌을 말한다. 작성자는 이 문헌을 참조했다는 것을 명시하고 있다. 그리고 그 이후에 이어지는 문장은 류태호(2000)에서 기술하고 있는 내용을 작성자가 압축적으로 요약하여 제시한 것이다. 이것은 작성자의 작업이 아니라 류태호가 작업한 것을 간접적인 형태로 인용한 것이다.

대인관계가 서투르고 정서가 불안정한 아이들이 늘어나 많은 교사들이 학급경영에 어려움을 느끼고 있는 것은 사실이다. 그러나 학급붕괴는 특정의 지역 · 학교 · 교사에서 파생되고 있으며, 학교의 일반적인 현상이라고 할 수 없다.

사토 마나부/손우정 · 김미란 역, 2003: 17

위 인용문은 일본의 학자인 사토 마나부(佐藤 學)가 저술하고 우리나라 학자인 손우정 · 김미란이 2003년 번역하여 출판한 『배움으로부터 도주하는 아이들』의 17쪽에 나와 있는 문단을 그대로 옮긴 것이다. 이처럼 다른 사람의 글을 직접 인용을 하는 경우에는 그 글이 있는 쪽까지 명시하여 표기해야 한다. 이것은 독자가 그 글의 전후 맥락에 대해 알고자 할 때 쉽게 찾아볼 수 있도록 안내하는 기능을 한다.

---

❹ 이 문장은 필자의 2000년 논문 「교육연구에서의 질적 접근의 논리와 방법」 제138쪽에서 인용한 것이다. 아무리 자기 글이라고 하더라도 그 글을 인용할 때는 그 출처를 명시해야 한다.

본문에서의 논의는 논리적이면서 간결하고 체계적이어야 한다. 즉, 논지를 파악하는 데 장애가 될 정도로 중언부언하는 것은 적절하지 않다. 그러나 간결하게 논의를 전개하는 과정에서 논지를 전개하는 데 반드시 필요한 것은 아니지만 독자의 이해를 돕기 위해 부연설명을 하는 것이 필요한 경우가 발생한다. 문장에서 사용하고 있는 용어에 대한 부연설명이 그 대표적인 예이다. 간결하게 표현된 문장 안에 많은 내용을 압축하고 있다면 혹 그 내용에 대한 이해에 어려움이 있을 독자를 위해 부연설명을 할 수도 있다. 이 경우에 활용하는 것이 각주이다. 그러나 각주는 본론에서 지엽적인 것일 뿐만 아니라 본론에 대해 보조적인 것이므로 본론에서의 문장 못지않게 간결해야 한다. 이 모든 것은 독자와의 소통을 염두에 두고 취하는 조치라고 할 수 있다.

본 연구에서는 '성인 학습자'와 '성인 비학습자'를 구분하지 않았다. 인간은 어떤 방식으로든 학습활동에 참여하고 있으며, 넓은 의미에서 모든 인간은 학습자다. 이런 관점에서 '성인 학습자'와 '일반 국민', '일반 성인' 등은 맥락에 따라 다소간 강조점이 달라질 수 있으나, 기본적으로 모두 동의어로 사용하였다.

윤여각 외, 2012: 12

위 내용은 필자가 참여한 한 연구의 보고서에서 각주로 처리한 것이다. 본문에서 성인학습자라는 용어를 사용하면서 그 용어를 부연설명한 것이다. 이 내용을 본문에 담지 않아도 논의의 전개에는 아무런 지장이 없다. 그러나 이 내용을 각주로 처리함으로써 독자는 보고서에서 이 용어를 어떻게 사용하고 있는지 알 수 있다.

표와 그림

보고서의 본론에서 논의를 전개하면서 표와 그림을 활용하기도 한다. 통계자료를 분석하여 제출하는 보고서의 경우에는 통계표와 이에 기초한 그림이 필수적으로 포함되기도 한다. 표와 그림에서는 많은 내용을 압축적으로 제시하기 때문에 이에 관한 부연설명이 반드시 수반되어야 한다. 경우에 따라서 본문에서 논의하고 있는 내용을 도식화하여 그림으로 압축적으로 표현하고 해당 논의를 마무리할 수도 있다.

〈표 3-1〉 집단별 학습동기와 목적 비교 평균(표준편차)

	집단 1 (N=1,042)	집단 2 (N=917)	집단 3 (N=282)	집단 4 (N=756)	계 (N=2,998)
여가 · 문화	<u>4.24(.409)</u>	3.93(.444)	3.21(.729)	3.56(.442)	3.88(.577)
사회적 관계	<u>3.95(.447)</u>	3.44(.402)	2.69(.592)	2.86(.471)	3.40(.659)
소득 증진	<u>4.04(.573)</u>	3.11(.619)	2.36(.785)	3.65(.600)	3.50(.812)
직무역량 강화	<u>4.26(.426)</u>	3.46(.495)	2.11(.659)	3.87(.443)	3.72(.775)
학위취득	<u>4.10(.739)</u>	2.87(.752)	1.80(.790)	3.59(.835)	3.38(1.049)

* 출처: 윤여각 외(2012). 한국 성인학습자의 원격평생교육 요구 분석 : 원격고등교육 수요를 중심으로. 97.

〈표 3-1〉은 성인학습자를 네 개의 집단으로 분류했을 때 학습에 참여하는 동기와 목적에서 하위범주별로 어떤 차이가 있는가를 보여 주고 있다. 이 표를 통해 집단별로 하위범주에서 평균이 각각 얼마인가를 알 수 있을 뿐만 아니라 집단 간 평균을 비교할 수도 있다. 그리고 하위범주별로 평균이 높은 집단에서 낮은 집단 순으로 순위를 매길 수도 있다.

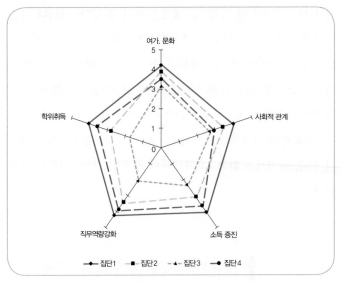

여가, 문화

학위취득

사회적 관계

직무역량강화

소득 증진

→◆→ 집단1　─■─ 집단2　─▲─ 집단3　─●─ 집단4

[그림 3-1] 집단 유형에 따른 평생학습 동기 및 목적 비교

* 출처: 윤여각 외(2012). 한국 성인학습자의 원격평생교육 요구 분석 : 원격고등교육 수요를 중심으로. 98.

[그림 3-1]은 〈표 3-1〉을 그림으로 다시 나타낸 것이다. 표로도 집단 간 차이를 알 수 있지만 그림으로 나타내면 그 차이를 좀더 가시적으로 파악할 수 있다. 물론 이것은 독자의 이해를 돕기 위한 것이다.

참고문헌

참고문헌은 보고서를 작성하면서 참고한 문헌을 말한다. 보고서에서는 마지막 부분에 이 문헌들에 대한 서지사항을 기록해야 한다. 서론에서 결론에 이르기까지 논의를 하면서 명시한 문헌에 대해서는 반드시 보고서에 기재해야 한다. 논의를 하면서 언급하지는 않았지만 보고서를 작성하면서 참고했다면 이 점을 드러내기 위해서 보고서에 기재하는 방법을 택할 수 있다. 그러나 비중 있게 참고한 것도 아니고 논의하면서 언급한 것도 아닌 문헌들을 보고서에 나열하는 것은 적합하지 않다. 이것은 보고서 작성의 윤리와도 맞물려 있다. 그러므로 대학에서 보고서를 작성할 때는 학생 본인이 명백히 참고한 문헌만을 명시하는 것이 타당하다.

참고문헌의 서지사항을 기록하는 방식은 학문공동체마다 차이가 있다. 여기서는 한국교육학회에서 채택하고 있는 방식을 소개한다.

① 윤여각 · 이기재 · 이해영 · 노일경 · 남신동 · 황지원 · 박양주 (2012). 한국 성인학습자의 원격평생교육 요구 분석: 원격고등교육 수요를 중심으로. 교육과학기술부 · 한국방송통신대학교. 정책과제 12-01.

② 윤여각 · 강영희 · 김미란 · 노병윤 · 박선경 · 신민선 · 이규선 · 이상엽 · 유정규 · 유창복 · 조성희(2013). **지역평생교육: 사례와 과제**. 서울: 에피스테메.

③ 윤여각(2013). 박물관교육의 실제에 관한 사례 연구: '박물관 배움' 강사들의 내러티브를 중심으로. 한국방송통신대학교 원격교육연구소. **평생학습사회**, 9(2). 101-125.

④ DeLanda, Manuel(2002/2009). *Intensive Science and Virtual Philosophy*. Continuum International Publishing Group.(이정우 역. **강도의 과학과 잠재성의 철학**. 서울: 그린비.)

①은 연구보고서로서 연구에 참여한 모든 사람의 이름을 기재한다. ②는 단행본으로서 역시 저술에 참여한 모든 사람의 이름을

기재한다. ③은 평생학습사회라는 학술지에 게재한 논문으로서 반드시 몇 권 몇 호 어느 쪽에서 어느 쪽까지인가를 명시해야 한다. ④는 외국 저자의 저술로서 번역본을 참조했다면 뒤에 그 번역본을 명시하고, 원 저술의 출판연도와 번역본의 출판연도를 병기해야 한다.

문제의식과 논의구조

보고서의 구조에 대해 앞서 논의한 것과 같은 방식으로 생각할 수도 있지만, 보고서의 내용을 구성하고 있는 요소들로 그 구조에 대해 생각할 수도 있다. 앞서 논의한 것은 보고서의 형식으로서의 구조를 말한다. 형식과 내용의 대비 속에서 보고서의 내용 구조도 생각해 볼 수 있는 것이다. 교수가 학생의 보고서를 읽으면서 파악해야 하는 것은 보고서의 형식 구조가 아니라 내용 구조이다.

보고서의 내용 구조에서 가장 중요한 요소는 학생의 문제의식이다. 학생의 문제의식에 따라 보고서 작성과 관련된 모든 것이 결정된다고 말할 수 있다. 대학에서는 어떤 교과목을 이수하든지 그 과정에서 문제의식을 가질 것을 권장하고 있으며, 이 점에서 문제의식을 갖고 그것을 정련시켜 나가고 그에 대한 답을 찾아 나가는 것이 대학생-되기의 핵심이라고 말하기도 한다. 이렇게 보면, 보고서 작성은 이를 보여 주는 중요한 절차가 된다.

보고서에서는 어떤 문제의식을 어떻게 왜 가지게 되었고, 그 문제의식을 풀어 가기 위해 어떤 절차를 거쳤으며, 이에 따라 어떤 답을 얻게 되었고, 이 과정에서 어떤 문헌을 참조하였는가를 기술한다. 이 기술에서는 문제의식을 중심으로 한 일종의 개념체계를 담게 된다. 문제의식과 이에 대한 대답으로 구성되는 논리적 구조가 바로 보고서의 내용 구조이자 논의 구조가 된다. 이 구조의 중요한 요소들인 개념은 명료해야 하며, 그 연계는 논리적이어야 한다. 그러나 여기서의 연계는 완전한 연계라기보다는 여전히 빠진 부분이 있는 연계라고 보아야 한다. 왜냐하면 한 보고서 안에서 모든 문제를 해결할 수 없을 뿐만 아니라 보고서를 작성하면서 새롭게 해결해야 할 문제가 생기기 때문이다.

3. 보고서 작성의 실제

보고서의 평가기준이나 보고서의 구조에 대해 잘 아는 것은 보고서를 잘 쓰는 데 도움이 된다. 그러나 그것을 안다고 해서 보고서를 잘 쓰는 것이 보장되는 것은 아니다. 보고서를 잘 쓰려면 보고서를 자주 써 보고, 자기 점검을 통해 잘 쓰기 위해 지속적으로 노력해야 한다. 요컨대 보고서 작성에는 수준이 있으며, 이 수준을 높이기 위한 노력과 조력이라는 교육의 과정이 수반되어야 보고서를 잘 쓸 수 있다.

이 절에서는 보고서를 잘 쓰기 위한 노력에 대해 논의한다.

문제의 설정

대학에서 보고서는 특정 교과목을 이수하면서 과제로 작성하게 된다. 학생은 평소에 가지고 있던 문제의식을 해결하기 위해 가장 도움이 될 것으로 판단되는 교과목을 선택할 수도 있고, 특정 교과목을 선택한 이후에 새로운 문제의식을 가지거나 그 교과목을 이수하는 과정에서 평소에 가지고 있던 막연했던 문제의식이 좀 더 명료해질 수도 있다. 교과목 내에서 다루어지는 내용을 순전히 받아들이는 방식보다는 자신의 문제의식을 생성하거나 해결해 나가는 방식으로 활용할 때 교과목의 이수가 학생 자신에게 좀 더 의미 있게 된다. 이와 관련하여 보고서는 중요한 매개 또는 수단이 된다.

대학에서 교과목을 이수하는 것을 문제의식을 명료화하는 과정으로 이해할 때 그 과정에는 문제의식을 구체적인 질문으로 가다듬는 과정이 포함된다. 보고서를 작성할 때는 이 점이 특히 중요하다. 왜냐하면 한 편의 보고서에서 학생이 가지고 있는 문제의식을 거의 완벽하게 해결할 수는 없기 때문이다. 일반적으로 학생은 보고서에서 자신의 문제의식과 관련되어 있으면서 정해진 기간 내에 답할 수 있는 한두 가지 질문 또는 교수가 정해 준 주제에 한정하여 답할 수 있는 한두 가지 질문을 정하게 된다.

예컨대 평생교육시대[5]가 언제 어디서나 교육에 참여하는 것이 가능한 시대라면 이것은 직장에서 일하는 과정에서도 적용되어야 한다. 그런데 평생교육시대라고 강조하면서 직장에서는 이를 체감할 수 있는 관행이 정착되어 있지 않다면 이것에 대해 문제의식을 가질 수 있다. 이 문제의식과 관련하여 보고서를 쓴다고 할 때 가능한 질문은 많다. 직장 내에서의 현장교육에 주목하여 질문할 수도 있고, 직장 밖에서의 교육에 주목하여 질문할 수도 있다. 이 중 전자를 선택한다면 특정 부서 내에서 진행되는 현장교육에 주

---

[5] 최근에는 평생교육시대라는 말보다 평생학습시대라는 말이 더 널리 쓰이고 있다. 그것은 배워서 가르친다는 점에서 학습이 교수보다 본원적이고, 가르치는 것은 배우는 것에 조력한다는 점에서 의미를 갖기도 하기 때문이다. 그렇다고 교수가 학습보다 덜 중요하다고 말하는 것은 타당하지 않다.

목할 수도 있고, 직장 내에서 전 직원을 대상으로 진행되는 교육에 주목할 수도 있다. 다시 이 중 전자를 선택한다면 특정 부서 내에서 선임자와 후임자가 일상적으로 진행하는 현장교육에 대해 질문할 수도 있고, 특별히 프로젝트를 수행하면서 진행하는 현장교육에 대해 질문할 수도 있다.

이러한 맥락에서 보면 주제는 교육의 일상성이 된다. 직장이라고 하는 특정한 장에서, 그것도 선임자와 후임자가 함께 직무를 수행하는 제한된 장에서 가르치고 배우는 활동이 어떻게 진행되고 있는가라는 질문은 평생교육에 대한 담론에서 매우 중요하다. 이 질문은 다시 선임자는 후임자에게 무엇을 어떻게 가르치는가, 후임자는 선임자에서 무엇을 어떻게 배우는가, 후임자가 선임자를 가르치는 관계의 역전은 어떻게 일어나는가, 선임자와 후임자의 교육적 상호작용에 대해 부서 또는 직장에서는 어떻게 지원하고 있는가와 같은 하위질문을 수반한다.

이 질문과 관련하여 자주 목격되는 오류가 있는데 그것은 질문의 방식과 맞물려 있다. 예컨대 선임자와 후임자가 어떻게 교육적 상호작용을 하고 있는가라고 질문하지 않고, 선임자와 후임자의 교육적 상호작용은 어떠한가라고 질문하는 것이다. 여기서 어떠한가는 상태를 묻는 것이다. 이에 대해서는 좋다거나 나쁘다고 답하거나, 만족하거나 만족하지 못하다고 답하거나, 충분하다거나 충분하지 않다고 답하는 것이 적합하다.

질문과 관련하여 또 유념해야 하는 것은 질문 간의 관계이다. 앞서 언급한 선임자는 후임자에게 무엇을 어떻게 가르치는가와 후임자는 선임자에게 무엇을 어떻게 배우는가라는 두 질문은 교육에서 두 가지 측면, 즉 교수적 측면과 학습적 측면에 대한 질문이다. 이처럼 한 보고서에서 언급하는 질문은 그 관계가 논리적으로 연결되어야 한다. 예컨대 선임자는 후임자에게 무엇을 어떻게 가르치는가라는 질문에 이어 학습자는 얼마나 다양한 맥락에서 학습에 참여하는가라는 질문을 한다면 이 질문은 전자의 질문과 다른 논의 맥락에서 제시할 수 있는 질문이다. 이 점에서 한 보고서 안에서 답해야 하는 질문으로 언급하는 것은 적합하지 않다.

자료의 생성

보고서 작성에 들어가면 다양한 자료를 참조하게 된다. 이 자료 중 대표적인 것이 문헌이다. 특히 문헌연구로 보고서를 작성하는 경우에는 적합한 문헌을 참조하는 것이 무엇보다 중요하다. 이러한 문헌은 기존에 있는 것을 확보한다는 점에서 수집한다는 표현을 쓴다. 즉, 보고서에 참조할 문헌을 자료로 수집하는 것이다. 그래서 엄밀하게 말하면 참조하는 자료는 학생의 문제의식의 맥락 속에서 질문과 관련하여 선택된 자료이며, 참조할 자료로서 가치를 부여받은 것이라고 할 수 있다.

기존의 논의 맥락 속에서 가지게 된 문제의식을 가지고 질문을 설정하여 그에 대한 답을 얻고자 할 때 기존의 문헌에서는 그 답을 얻을 수 없는 경우가 있다. 이 경우에는 문헌연구로만 진행할 수가 없으며, 질문에 답하기에 적합한 연구방법을 통해 자료를 생성하는 과정을 거쳐야 한다. 정확히 말하면, 현실 속에서 질문에 답하기에 적합한 형태로 자료가 준비되어 있는 경우는 거의 없다. 따라서 그런 자료는 새로운 형태로 만들어진다는 점에서 생성한다는 표현을 쓴다. 즉, 보고서에서 분석하고 해석해야 할 자료를 생성하는 것이다.

자료를 생성하는 방법으로 많이 활용되는 방법으로 설문지조사가 있다. 예컨대 직장에서 전 직원을 대상으로 연수 프로그램을 운영하고 이에 대해 만족도 조사를 할 때 설문지조사를 하게 된다. 여기서는 강사의 강의방식과 강의내용을 주로 다루게 된다. 강사는 다양한 강의자료를 활용했는가, 강사는 강의내용을 잘 전달했는가, 강사는 열정적으로 강의했는가 등이 강의방식에 관한 설문이라면, 강사는 주제와 직접 관련이 있는 강의를 했는가, 강사의 강의내용은 체계적이었는가, 강사의 강의내용은 쉽게 이해할 수 있었는가 등이 강의내용에 관한 설문이다. 각 설문에 대해 보통 5점 척도(매우 그렇다 / 그렇다 / 보통이다 / 그렇지 않다 / 매우 그렇지 않다)상에 표기하게 하고, 이렇게 표기된 것이 자료가 된다. 여기에는 연수가 직접 진행되는 공간에 대한 설문, 연수 중간에 휴식을 취할 수 있는 공간에 대한 설문도 포함될 수 있다.

　　자료를 생성하는 방법으로 면담을 활용하기도 한다. 설문지조사의 경우에는 종이에 기재된 질문에 대해 답할 것을 요구한다면, 면담의 경우 면담자가 참여자에게 직접 질문하고 이에 대해 답할 것을 요구한다. 면담에서 미리 정해진 질문만 한다면 구조화된 질문을 하는 것이고, 대략적인 항목만 정해 놓고 상황에 따라 질문을 생성해 나간다면 반구조화된 질문을 하는 것이다. 면담하는 내용을 녹음하고 그대로 전사하기도 하고, 녹음을 할 수 없는 상황이라면 질문과 대답의 내용을 간단히 기록하고 그 기록을 단서로 하여 이후에 기억을 되살려 질문하고 대답한 내용을 전체적으로 풀어내는 작업을 하기도 한다. 이러한 방식으로 기록이 되어야 그것이 자료가 된다.

　　자료를 생성하기 위해 실험의 방법을 활용하기도 한다. 어떤 작동을 가했을 때 어떤 결과가 나올 것인가에 대해 유추가 가능하다고 하더라도 직접 실험을 통해 확인해 보아야 하는 경우가 있다. 실험에서 결과의 유추는 가설과 맞물려 있다. 가설은 기존 논의의 연장선상에서 나오는 것이며, 따라서 논리적인 것이다. 이러한 맥락에서 어떤 가설을 세우는가에 따라 생성되는 자료도 다르게 된다. 이 점에서 생성되는 자료가 이론 의존적이라는 사실을 유념해야 한다.

자료의 분석 및 해석

자료는 질문에 답하는 맥락에서 수집되고 생성된 것이지만 그 자체로 답이 되는 것은 아니다. 질문에 대한 답은 그 자료를 분석하고 해석하는 과정을 거쳐야만 얻을 수 있다. 여기서 그 자료를 어떻게 분석하고 해석했는가를 명시하는 것이 필요하다. 분석과 해석의 과정에 직관이 포함되기는 하지만 직관만으로 모든 분석과 해석을 마무리하는 것은 타당하지 않다. 그것은 자료를 보면서 직관이 형성되었다고 하더라도 그 직관이 타당한가를 확인하는 작업이 또한 필요하기 때문이다.

자료에 대한 분석에서는 자료들 간의 관계를 파악해 내는 작업을 한다. 설문지조사에 대한 응답에서 각 문항에 응답자들이 어떻게 반응하였고, 그것이 구체적으로 어떻게 나타나는가를 확인하는 것이 그 예가 될 것이다. 응답자들의 반응은 개별적이어서 그것을 단순히 늘어놓는 것으로는 자료에서 의미 있는 논의를 이끌어 낼 수 없다. 각 문항별로 응답자들이 어떤 반응 경향을 보이고, 그 경향에 비추어 볼 때 전체적으로 어떤 논의를 할 수 있는가가 설문지조사에서는 중요하다. 따라서 설문지별로 응답내용을 코딩

하고 이를 통계 처리하는 과정을 거쳐 나온 통계표를 가지고 그 안에 있는 숫자들 간의 관계를 검토해 보아야 한다. 여기서 응답자의 인구학적 배경, 예컨대 성별, 연령별, 지역별, 사회경제적 지위별 차이를 확인해 볼 수도 있다.

면담의 경우에도 하나의 질문에 대해 참여자가 동일하지 않은 다양한 대답을 하게 된다. 각 대답에서 중요하게 부각되는 것이 있고, 이것이 참여자들 간에 차이가 있을 수 있다. 그래서 참여자들이 어느 지점에서 어떤 차이를 보이는가를 일일이 확인하고, 이를 비교하는 작업을 할 수 있다. 물론 이 작업은 보고서에서 제시한 질문을 염두에 두고 진행되어야 한다. 그렇지 않으면 보고서를 작성하면서 내용의 일관성은 물론 타당성을 상실할 위험이 있다.

실험의 경우에는 보통 실험군과 비실험군⑥을 두고 실험군에는 특정한 조치를 하고, 비실험군에는 그 조치를 하지 않는다. 그래서 다른 조건이 동일한 상태에서 특정한 조치를 하고 하지 않은 차이로 인해서 어떤 결과가 나타나는가를 비교하는 것이다. 일반적으로 차이가 있을 것으로 가설을 세우는데 실제 차이가 있는 것으로 나타나면 가설이 입증되고, 차이가 없는 것으로 나타나면 가설이 기각된다. 이러한 결론에 이르는 과정에서 하는 작업이 바로 분석이다.

분석하는 작업 자체도 많은 노력을 기울여야 한다. 그러나 분석하여 드러난 것이 어떤 의미가 있는가에 대해 좀 더 숙고하고 논의하는 단계로 나아갈 수도 있다. 이 작업이 바로 해석이다. 예컨대 설문지조사에서 성별로 반응에 차이를 보일 때 그 차이가 세부

---

⑥ 비실험군을 통제군이라고 하기도 한다.

적으로 어떻게 나타나는가를 보여 주는 것을 넘어서서 세부적으로 보이는 차이가 의미하는 바가 무엇인가에 대해 논의할 수 있다. 의미에 초점을 맞추기 때문에 여기서는 범주 또는 개념이 중요하게 된다. 그래서 세부적인 차이들을 포괄할 수 있는 개념으로 범주화하고, 다루고자 하는 주제와 관련하여 그 범주의 의미를 심도 있게 논의하는 작업을 하게 된다.

면담을 하는 경우에도 질문에 대해 성별로 응답에 차이가 있을 때 이러한 차이가 어떻게 나타나게 되었는가에 대해 생성된 자료를 반복적으로 검토하며 분석할 수 있다. 예컨대 소비자의 소비행태에 대해 재래시장을 이용하는 사람들과 백화점을 이용하는 사람들을 대상으로 면담하여 알아보고자 할 때 자료상에 타나나는 차이를 소비에 대한 인식의 차이로 분석해 낼 수도 있을 것이다. 그리고 그렇게 차이를 나타나게 하는 것, 그리고 구체적으로 나타나는 차이가 의미하는 것이 무엇인가에 대해 논의할 수 있다. 이것을 계층성과 맞물려 나타나는 여러 현상의 하나로 해석하는 것이 해석의 한 예가 될 것이다.

실험의 경우에는 분석을 통해 얻은 실험 결과에 대해 기존의 이론체계에 비추어 그 위상을 정하는 작업을 하게 된다. 이 작업이 일종의 해석이라고 할 수 있다. 예컨대 기존의 논의에서 미처 다루지 못한 사례에서 가설을 입증한다면 그 이론체계가 좀 더 설명력이 있음을 입증해 주는 결과로 해석하게 되고, 가설을 기각하게 되면 그 이론체계에 수정을 가하거나 좀 더 정교한 재검토가 필요함을 입증해 주는 결과로 해석하게 된다.

목차의 구성

목차는 보고서를 작성하기 전에도 구성하고, 보고서를 직접 작성하는 단계에서도 구성한다. 일반적으로 후자의 단계에서 이전의 목차는 수정된다. 그리고 경우에 따라서는 보고서를 작성하는 중간에 보고서의 목차를 수정하여 새롭게 구성하기도 한다. 이것은 목차가 보고서의 내용을 구성하는 전체적인 얼개가 되기 때문이다. 이 얼개가 잘 짜이면 보고서를 작성하는 것이 좀 더 수월해진다.

보고서를 작성하기 전에 목차를 구성할 때에는 보고서의 일반적인 형식에 초점을 맞추게 된다. 이것은 교과목에 따라 보고서에 대한 계획서의 형식으로 교수가 학생들에게 미리 요구할 수도 있다. 여기서 주목하는 것은 어떤 문제의식을 가지고 어떤 문제를 설정해서 어떤 방법으로 자료를 수집하거나 생성할 것인가이다. 어떤 방법을 활용하는가에 따라 결과를 포함한 전체적인 과정에 대해 보고하는 방식이 달라지기도 하기 때문이다.

보고서를 직접 작성하는 단계에서는 이미 분석과 해석을 마무리한 상태이기 때문에 그것을 어떻게 제시하는 것이 가장 적절한가에 대해 숙고하고, 이에 따라 목차를 구성하게 된다. 무엇보다도 분석하고 해석한 결과를 제시하는 부분에 해당하는 본론에서 목차가 세분화된다. 여기서 본론을 몇 개의 장으로 제시할 것인가, 각 장 안에서 몇 개의 절로 나눌 것인가, 절 안에 항 또는 그 이하까지 내려가는 방식으로 목차를 세분화할 것인가를 검토한다. 이렇게 보고서를 작성하는 단계에서 목차를 가능한 한 낮은 수준까지 정한다고 하더라도 보고서에서 전체 목차를 제시할 때는 절 단위까지 제시하는 것이 일반적이다. 그러나 독자가 전체

목차를 보면 보고서에 어떤 내용을 담고 있는지 전체적인 그림을 그릴 수 있어야 한다. 그만큼 장이나 절의 제목이 다루고 있는 내용을 압축적으로 담아내야 한다.

보고서를 직접 작성하기 직전에 세부목차까지 정했다고 하더라도 보고서를 작성하는 과정에서 이 세부목차에 수정을 가하기도 한다. 특정 세부목차에서 다루는 내용이 그 목차의 제목으로 담아내기에는 한계가 있을 때 제목에 대한 수정이 불가피해진다. 앞서 언급했듯이 제목은 그 아래에서 기술하는 내용을 압축적으로 담아내야 한다. 보고서를 작성하면서 제목에 미치지 못하는 부분적인 내용을 기술할 수도 있고, 제목의 범위를 벗어나는 부분까지 기술할 수도 있다. 그런데 이 기술에 대해 무엇인가를 더하고 빼는 것이 적합하지 않다는 판단이 든다면, 최종적인 선택은 기술한 내용에 맞게 제목을 바꾸는 것이다.

보고서의 목차를 예시하면 다음과 같다. 보고서의 내용을 기술하는 방식은 매우 다양하기 때문에 작성자의 입장에서는 선택의 여지가 있다.

〈예시 1〉의 이론적 배경에서는 말 그대로 조사를 하는 과정에 의존하고 있고, 그래서 조사의 배경이 되고 있는 이론을 다룬다. 경우에 따라서는 조사의 필요성 및 목적에서 이론적 배경을 최대한 압축하여 기술할 수도 있다. 〈예시 1〉에서는 분석하고 해석한 내용을 결과로 묶어 제시한다면 〈예시 2〉에서는 이를 구분하여 제시한다. 〈예시 2〉에서는 선행연구를 정리하고 거기에 어떤 빠진 고리가 있는가에 대해 논의하게 되는데, 이것은 문제제기를 정당화하는 작업이기도 하다. 예시에서 괄호로 표기한 것은 각각에 해당하는 적합한 제목을 다는 것은 보고서 작성자의 몫이기 때문이다.

〈표 3-2〉 보고서 목차

예시 1	예시 2
Ⅰ. 서론	Ⅰ. 서론
1. 조사의 필요성 및 목적	1. 문제제기
2. 조사문제	2. 조사문제
3. 조사방법	3. 조사방법
Ⅱ. 이론적 배경	Ⅱ. 선행연구 개관
1. (조사에서 의존하는 이론 개관)	1. (주목할 논의 범주 1 개관)
2. (보고서에서 활용하는 주요 개념 설명)	2. (주목할 논의 범주 2 개관)
3. (조사에서 주목하는 선행연구 개관)	3. (기존 연구에 대한 비판적 논의)
Ⅲ. 결과	Ⅲ. (분석 내용)
1. (중요한 결과 1 기술)	1. (주요 분석 결과 1 기술)
2. (중요한 결과 2 기술)	2. (주요 분석 결과 2 기술)
3. (중요한 결과 3 기술)	Ⅳ. (해석 내용)
4. (결과에 대한 논의)	1. (주요 해석 결과 1 기술)
Ⅳ. 요약 및 결론	2. (주요 해석 결과 2 기술)
1. 요약	Ⅴ. 요약 및 결론
2. 결론	1. 요약
	2. 결론
참고문헌	참고문헌

글로 설득력 있게 말하는 능력의 향상

한 학기 동안 특정 교과목을 이수하면서 그 교과목에서 요구하는 간단한 조사나 연구를 하고 이에 대한 보고서를 작성하는 과제를 수행하는 것은 그 자체로 이러한 활동을 관행으로 가지고 있는 학문공동체 또는 교육공동체에 입문하는 과정이 된다. 학문공동체에서 조사나 연구를 하고 보고서를 작성하는 것은 본연적인 활동이라고 할 수 있으며, 교육공동체에서 동일한 작업은 교육적 상호작용을 하기 위한 매개활동이 된다. 대학은 학문공동체이자 교육공동체로서 학문의 본연적 활동에 필요한 능력을 향상시키는데 주목한다.

이 중 보고서는 글로 설득력 있게 말하는 능력을 향상시키는 데 중요한 매개가 된다. 누구나 처음부터 보고서를 잘 쓸 수 있는 것은 아니다. 보고서를 반복적으로 작성해 가면서 보고서 작성 능력이 향상되는데, 이 능력에서 핵심은 글로 설득력 있게 말하는 능력이다. 물론 이 능력은 대학에서만 필요한 것이 아니라 이전 공교육 단계에서도 필요한 능력이다. 따라서 대학 단계에서 이전 단계에서 이미 함양되어 있는 능력을 향상시켜야 하는 과제가 있다. 그리고 이 능력은 교육 영역에서만 필요한 것도 아니다. 다른 영역, 예컨대 직업 영역에서도 다양한 계기로 보고서를 작성하며, 거기서도 글로 설득력 있게 말하는 능력과 그 능력의 향상이 요구된다. 이 점에서 글로 설득력 있게 말하는 능력의 향상은 직업교육의 맥락에서도 의미를 갖게 된다.

그렇다면 어떻게 하면 글로 설득력 있게 말하는 능력, 즉 보고서 작성 능력을 향상시킬 수 있는가? 그것은 좋은 보고서를 참조하는 것이다. 보고서의 형식 면에서도 모범이 되고, 내용 면에서도 제3장 1절에서 언급한 평가기준을 충족시키고 있는 보고서가 있다. 무엇보다도 작성자가 자신의 문제의식을 어떻게 정당화하고, 그 문제의식을 어떻게 타당하게 풀어 나가는가에 주목하여 반복적으로 읽는 것이 도움이 된다. 모범이 되는 하나의 보고서가 아니라 다수의 보고서를 보는 것이 더 도움이 된다. 문제의식도 다르고, 그 문제의식을 풀어 나가는 방식도 다르기 때문이다. 하나의 사례보다는 다양한 사례를 접할 때 그 다양성을 실감할 수 있게 된다.

교과목을 함께 이수하는 동료의 도움을 받을 수도 있다. 어떤 글이든 그 글은 그 자체의 논리를 따르게 된다. 이 글에 대해 다른 시각으로 보면 그 논리에 대한 비판적 논의가 가능해진다. 완벽하게 동일한 관점을 가지고 있는 두 사람의 존재는 논리적으로는 가능하지만 현실적으로는 불가능하다. 따라서 어느 경우든 서로 다르게 보는 것이 가능하다. 이 점에서 보고서 작성과 관련하여 동료와 의견을 나누고, 보고서를 작성한 이후에 동료에게 검토해 줄 것을 부탁할 수 있다. 이러한 작업은 동료들 간의 만남을 교육적 만남으로 만들어 나가는 계기가 될 수 있을 것이다.

여러 번의 보고서 작성을 전제로 한다면 처음에 작성한 보고서에 대한 교과목 담당교수의 평가의견은 이후에 보고서 작성의 수준을 끌어올리는 데 도움이 된다. 담당교수는 교과목에서 다루는 내용과 관련하여 전문가의 위치에 있기 때문에 가능한 문제의식의 목록을 가지고 있고, 그 문제의식을 풀어 나가기 위해 어떻게 하는 것이 적합한지 전문적 견해를 가지고 있으며, 무엇보다도 많은 보고서를 작성해 본 경험이 있다. 이 경험을 통해 갖추게 된 상대적으로 높은 수준을 바탕으로 학생의 보고서에 대한 지도를 하게 되며, 그 지도내용이 평가의견으로 제시된다. 따라서 이 의견은 학생에게는 좀 더 나은 보고서 작성을 위한 좋은 참조 의견이 될 수 있다.

4. 토론의 원리

토론은 말이나 글로 전개하는 논의라는 점에서 보고서를 작성할 때 적용되는 원리 중 일부를 공유한다. 그러나 토론은 상대가 있는 상태에서 동시적으로 진행된다는 점에서 토론에서는 보고서 작성에서 고려되지 않는 원리가 적용된다. 그 대표적인 것이 경청하기이다. 토론을 하면서 상대편의 이야기를 경청하고 그 다음 자신의 논지를 전개하는 것은 토론의 전제이자 중요한 원리이다.

이 절에서는 경청하기를 핵심으로 하는 토론의 원리에 대해 논의한다.

글을 통한 토론과 말을 통한 토론

앞서 세 개의 절에 걸쳐 보고서 작성에 대해 살펴보았다. 대학은 전형적으로 문자 중심의 체제로 발전되어 왔기 때문에 대학생-되기에서 글로 보고서를 작성하는 능력을 향상시키는 것은 그 수준을 높이는 데 대단히 중요하다. 대학은 또한 토론의 전통을 가지고 있다. 고대 그리스의 아고라광장에서 토론에 참여하려면 그에 적합한 능력이 요구되었고, 그 능력을 함양하고 증진시키는 데 소피스트들이 기여하였다. 이러한 흐름 속에서 아카데미가 설립되었고, 이 아카데미는 중세의 대학으로 이어졌다. 따라서 대학생-되기에서 말로 토론하는 능력을 향상시키는 것 역시 그 수준을 높이는 데 대단히 중요하다.

보고서에서는 교수를 독자로 하여 그를 향해 논지를 전개하는 방식으로 글을 쓰게 된다. 따라서 보고서를 작성하면서 학생은 독자인 교수를 직접 대면하고 있는 것이 아니라 가상적으로 존재를 설정하고 있는 것이다. 그러나 토론에서는 상대편과 직접 대면한다. 토론은 상대편과 함께 진행하는 것이다. 교수와 학생이 일대일로 토론할 수도 있고, 학생과 학생이 일대일로 토론할 수도 있지만, 수업의 상황을 전제로 한다면 교수와 다수의 학생들이 함께 토론하는 방식이 일반적이다. 수업 상황이 아니라고 하더라도 학생들은 대학생활을 하면서 학생들끼리 토론할 기회를 계속 갖게 된다.

인터넷이라는 매체가 발달하면서 인터넷상에 마련된 토론장에서 글로 동시에 토론하는 것도 가능하게 되었다. 따라서 토론은 말로 하는 것이라는 통념은 재고되어야 한다. 토론은 말로 할 뿐만 아니라 글로도 한다. 다만 글로 하는 토론은 거의 말을 하듯이 전개된다. 그래서 대면하여 말을 주고받는 것과 거의 같은 느낌을 가지고 글로 토론하는 것이 가능하다. 이 점에서 말로 하는 토론에 대한 인식의 지평은 글로 하는 토론으로까지 확장되어야 하고, 이에 따라 말로 하는 토론에 한정되어 있는 논의도 글로 하는 토론을 포괄하는 방식으로 확장되어야 한다.

인터넷에서 진행되는 수업에서 토론을 하는 경우에는 교수의 참여 또는 조회나 평가를 전제로 하기 때문에 토론이 잘 이루어지도록 학생들이 서로 노력하기도 한다. 그러나 대학생활에서 부각된 주제나 문제를 가지고 인터넷상에서 토론을 하는 경우 토론에서 지켜야 할 윤리를 위반하는 사태가 발생하기도 한다. 그중 대표적인 것이 상대편의 이야기를 경청하지 않고 자신의 입장을 피력하는 이야기만 하거나 자신의 입장을 피력하면서 그에 합당한 근거를 제시하지 않는 것이다. 이러한 토론은 진정한 의미의 토론이라고 할 수 없으며, 결국 토론이 제대로 진행되지 못하고 토론의 마무리도 짓지 못하고 끝나게 된다.

면대면 수업에서 진행되는 토론이나 교수의 조회나 평가가 전제되어 있는 인터넷상의 토론에서는 먼저 그 규칙에 대해 합의하고 토론을 진행하는 것은 아니지만 여기에는 암묵적인 합의가 있다. 그리고 이 암묵적 합의 속에 토론의 원리가 담겨 있다. 이 원리가 타당하고 합리적이라면 이 원리는 모든 토론의 장에서 적용되어야 할 것이다. 그러나 앞서 언급한 사태에서 보듯이 그렇지 않은 사례가 존재한다. 중요한 원리의 적용에서 분리는 극복되어야 한다. 즉, 어떤 장에서는 중요한 원리로 인정하고, 다른 장에서는 무시해도 좋은 원리로 간주하는 것은 바람직하지 않다. 왜냐하면 대학생—되기에 대한 성찰은 대학생활의 부분이 아니라 전반에서 일어나야 하기 때문이다.

대학의 수업에서 토론의 주제는 일반적으로 교수가 제안하지만 학생이 제안하기도 한다. 보통 토론의 주제가 먼저 제시되고 이에 대해 숙고할 수 있는 시간이 주어지며, 그 다음 그 주제에 대해 토론하는 순서를 따르게 된다. 미리 숙고할 시간을 갖지 않는다면 그 토론은 체계적이고 심도 있게 진행되기 어렵다. 보고서를 작성하기 위해 적절한 시간이 필요하듯이 토론을 하기 위해서도 적절한 시간이 필요하다. 그것은 단순히 토론에 참여하여 듣기만 하는 것이 아니라 적극적으로 참여하여 자신의 의견을 개진하기 위해서는 준비가 필요하기 때문이다. 준비 없이 토론에 참여하여 생각나는 대로 이야기할 수도 있지만 그렇게 하면 참여의 밀도가 떨어질 수밖에 없다. 참여의 밀도가 떨어지면 토론을 교육적 성장의 기회로 활용하기도 어렵다.

토론주제에 대해 검토해 보고 이야기하기

대학의 수업에서 토론을 할 때는 주제가 미리 주어진다. 따라서 주제에 대해 다양한 문헌을 참조하고 이에 기초하여 자신의 생각을 정리해 볼 수 있다. 학생들은 이러한 바탕에 기초하여 수업에서 토론에 참여하게 된다. 이 토론은 한 학생이 주제를 발제하고 함께 논의하는 방식으로 진행할 수도 있고, 특정한 발제 없이 자유토론의 형식으로 진행할 수도 있다. 일반적으로 교과목 담당교수가 학생들이 토론하는 중간에 개입하여 토론이 원활하게 진행될 수 있도록 조력하기도 한다.

대학의 수업에서 토론의 주제는 수업의 맥락 속에 있다. 수업에서는 하나의 대주제 아래 다양한 하위주제들을 다루게 되는데 그 주제들을 좀 더 잘 이해하기 위한 방안의 하나로 토론을 활용한다. 이 점에서 토론은 그 자체가 목적이 아니라 학생들의 앎의 확대와 심화를 위해 활용하는 것이라는 점에서 수단이다. 따라서 토론의 형식은 학생들에게 앎의 확대와 심화가 실질적으로 일어나도록 작동되어야 한다.

토론에 참여할 때는 다루고자 하는 주제가 과연 무엇인가를 이해하는 작업이 선행되어야 한다. 토론은 어느 경우이든 선지식 또는 선이해가 있는 상태에서 참여할 수 있다. 물론 이 선지식이나 선이해의 수준이 어느 정도이어야 하는가가 논란이 될 수 있지만 여기에 어떤 답이 있는 것은 아니다. 학생들은 각자의 이해 수준을 가지고 토론에 참여하며, 그 수준에 차이가 있다고 해서 그것이 문제가 되는 것은 아니다. 토론은 수업의 맥락 속에 있고, 따라서 토론에서 수준의 차이에서 비롯되는 교육적 상호작용이 일어나는 것은 바람직한 것이다. 뿐만 아니라 학생들이 가지고 있는 선지식의 체계는 서로 다르기 때문에 각자 정리하여 전개하는 이야기는 서로에게 참조가 될 수 있다.

수업에서 토론에 참여할 때는 수업에서 이미 다룬 내용을 반복하는 것이 아니라 그 내용보다 한 단계 진전된 내용을 소통하는 데 주안점을 두게 된다. 그러므로 토론의 주제가 미리 주어지면 그 주제와 관련된 문헌을 참조해 보아야 한다. 각 문헌마다 그 주제와 관련하여 어떤 문제의식을 가지고 그것을 어떻게 풀어 나가고 있는지 검토하고, 현재 진행되고 있는 수업의 맥락에 비추어 논의에서 참조할 점은 무엇인가에 대해 숙고해 보아야 한다.

수업의 토론에서 하나의 하위주제를 다룬다고 하더라도 이 하위주제에는 또 그 하위주제들이 딸려 있기 마련이다. 또한 이 하위주제에 다양한 측면에서 접근할 수 있고, 그러한 접근이 그 하위주제에 대한 논의를 풍부하게 하는 데 도움이 될 수 있다. 이 점을 고려하여 토론하기에 앞서 해당 주제와 관련된 다양한 논의지점을 정리하고 역할을 분담한 다음 그 논의지점에 대해 집중적으로 검토하고 정리함으로써 토론에 참여하는 절차를 따를 수도 있다. 이러한 절차를 따르게 되면 주제와 관련하여 사전에 함께 논의하는 과정을 거친다는 점에서 관심을 유도하고 참여도를 높이는 데 도움이 되기도 한다.

수업과 관련짓지 않고 토론의 주제에 대해 생각해 보고 토론에 참여하게 하면, 열린 토론을 한다는 점에서 바람직할 수도 있지만 토론의 초점이 흐려질 수 있다는 점에서 긍정적이지 못할 수도 있다. 전자의 경우에도 그 바람직함은 다행히 토론의 초점이 한데 모아지는 우연적인 결과로 얻게 되는 것이다. 그러므로 토론의 주제가 수업과 관련하여 어떤 위치에 있는가를 가늠하고, 그 주제를 다루는 것이 수업에서 어떤 의미가 있는가를 파악함은 물론, 주제와 관련하여 수업에서 토론하는 것이 자신의 앎의 여정에서 어떤 의미가 있는지 숙고해 보아야 한다.

수업의 토론에서 특정한 주제를 다룰 때 이루어지는 활동은 결코 사소하지도 가볍지도 않다. 토론을 통해 학생들은 자신이 사전 작업을 통해 알게 된 것을 드러내게 된다. 그리고 이 '드러냄'이 교수에게는 해당 학생의 앎의 수준과 학업 진척 상황에 대한 중요한 판단 자료가 된다. 수업에서 학생들은 자신의 앎의 수준을 적극적으로 드러내야 한다. 물론 이것은 토론에 적극적으로 참여할 때 가능한 것이다.

상대편의 이야기를 경청하기

토론에는 상대편이 있고, 이 상대편은 한 명 이상인 경우가 대부분이다. 토론에서 누군가 이야기를 하면 다른 사람들은 경청하게 된다. 그리고 그 사람의 말이 끝나면 경청하던 사람 중에 누군가 이어서 이야기를 하고 다른 사람들은 경청하게 된다. 이처럼 한 사람이 이야기하고 다른 사람들은 경청하는 형태가 반복되는 것이 토론이다. 따라서 토론에서 나의 이야기를 하는 것 못지않게 다른 사람들의 이야기를 경청하는 것이 중요하다. 나의 이야기는 다른 사람들의 이야기와의 관계 속에서 의미를 갖게 된다.

토론도 일종의 대화라고 할 수 있다. 각자의 이야기만 하고 종료되는 것을 진정한 의미의 대화라고 할 수는 없을 것이다. 대화는 상대편이 하는 이야기를 이해하려고 노력하면서 그 토대 위에서 자신의 이야기를 이어가는 방식으로 진행된다. 그래서 대화는 한편으로 이해하면서 다른 한편으로 대화를 진전시키려는 노력의 과정이라고 할 수 있다. 물론 이 두 가지 노력이 간단한 것은 아니다.

상대편의 이야기를 들을 때는 녹음기가 다른 사람의 이야기를 녹음하듯이 기계적으로 듣는 것이 아니라 자신의 개념체계에 걸러서 듣는다. 그래서 상대편이 이야기하는 것을 들으면서 토론 참여자는 그의 개념체계에 비추어 이야기를 이해한다. 토론에 참여하는 사람이 다수일 경우 상대편 이야기에 대한 이해는 서로 유사할 수는 있지만 결코 동일할 수는 없다. 그 이해가 서로 다르기 때문에 그 이해의 토대 위에서 서로 다른 이야기를 이어가는 것이 가능하다.

경청한다는 것은 말 그대로 귀 기울여 듣는 것이다. 다시 말하면, 상대편이 하는 이야기를 하나도 놓치지 않을 뿐만 아니라 그가 하는 이야기의 의미가 무엇인가에 대해 가능한 한 그의 논지를 따라가면서 이해하려고 노력하며 듣는 것이다. 이렇게 들으면서도 이해가 되지 않는 부분이 있다면 그 부분에 대한 질문을 통해 이해하고 넘어가야 할 것이다. 상대편의 논지가 제대로 파악된 상태가 되어야 비로소 그 다음 진전된 이야기를 이어갈 수 있다.

잘 이해가 되지 않은 부분에 대해 질문하고 대답하는 과정에서 보충 설명을 하게 되는데, 이것은 다음 단계의 논의를 위한 사전 작업과 같은 것이다. 토론 참여자는 현재까지 이야기된 모든 이해의 토대 위에서 한편으로 논의를 확장하거나 심화하는 이야기를 이어나갈 수 있다. 이 점에서 토론은 단계적 또는 점진적으로 진행된다고 할 수 있다. 그럼에도 불구하고 만약 이전으로 돌아가는 이야기를 한다면 이전의 이야기와 현재의 이야기와의 관련을 좀 더 분명하게 부각시키는 방식으로 해야 할 것이다.

만약 10명이 토론에 참여하고 있다면 1명이 이야기를 할 때 나머지 9명은 경청하게 된다. 나머지 9명 중 1명이 처음에 이야기한 사람에 이어서 이야기를 하기 때문에 나머지 8명은 계속 경청하는 위치에 있게 된다. 따라서 경청할 때는 다른 사람의 이야기에 주목할 뿐만 아니라 다른 사람들이 이어가는 이야기의 전체적인 흐름에도 주목해야 한다. 그러므로 토론에 참여하는 인원이 많아질수록 주목하여 파악해야 할 내용이 점점 더 많아지게 된다. 이 점에서 토론에 참여하는 것은 대단히 지적인 작업이기도 하다.

상대편의 이야기를 경청하다 보면, 자신이 미처 생각하지 못했던 참신한 접근 또는 논지와 마주치기도 한다. 서로 다른 앎의 배경을 가지고 있기 때문에 바로 이러한 지점에서 참여자들 중 일부에게 새로운 배움이 일어나게 된다. 그러한 접근 또는 논지를 참신한 것으로 파악하는 것도 당사자의 앎의 수준 때문에 가능한 것이다. 배움에서 다음 단계의 앎에 대한 막연한 예감이 있을 때 그 앎에 접하는 순간, 말 그대로 순간적으로 그것을 인지하게 되는 것이다. 이러한 상황에서는 그러한 접근 또는 논지를 좀 더 이해하기 위한 노력이 수반된다. 이것은 질문의 형식을 띠게 되며, 당사자가 이에 응답할 때 질문과 대답의 연쇄가 일정 시간 동안 이어질 수 있다. 이 점에서 토론에는 교육적 접속의 지점 또는 순간이 있다고 할 수 있다.

간결하게 이야기하기

토론에서 이야기할 때는 가능한 한 간결하게 이야기를 해야 한다. 간결하게 이야기하려면 토론에서 다루는 주제를 잘 이해하고 있어야 하고, 주제와 관련하여 참조한 문헌들에 대한 이해의 수준도 높아야 한다. 또한 토론에서 주고받는 이야기를 이해하는 수준도 높아야 한다. 즉, 간결하게 이야기하려면 이러한 이해가 전제되어야 하는 것이다. 그러나 이해하는 것과 이해한 바를 토대로 이야기하는 것은 관련된 활동이기는 하지만 서로 다른 능력이 요구되는 활동이기도 하다.

이야기를 잘하는 것이 하나의 능력이기는 하지만 여기에는 관련되어 있는 하위능력들이 있으며, 이 하위능력들이 잘 발휘될 때 그 결과가 이야기를 잘하는 모습으로 나타나게 된다. 아는 것을 글로 잘 풀어내거나 말로 잘 풀어내는 것이 저절로 이루어지는 것은 아니다. 그러한 활동을 잘하려고 노력하는 가운데 그 능력을 함양하고 증진시켜 나갈 수 있다. 따라서 아는 것을 글로 잘 풀어내는 데도 수준이 있고, 아는 것을 말로 잘 풀어내는 데도 수준이 있다. 이 점에서 보고서 작성과 마찬가지로 토론에서도 그 수준을 높여 나가야 하는 과제가 있다.

몇 회에 걸쳐 진행되는 토론이라고 하더라도 각 회차의 토론마다 주제가 달라지게 되므로 토론에서는 언제나 제한된 시간 안에서 해당 주제와 관련된 논의를 충실하게 전개해야 하는 과제가 있다. 이 과제는 토론에 참여한 특정한 사람에게만 부여되는 과제가 아니라 토론에 참여하는 모두에게 부여되는 과제이다. 그래서 특정한 한 사람이 이야기를 독점하거나 한 번에 지나치게 이야기를 길게 하지 않고 다수가 공평하게 발언의 기회를 가질 수 있도록 하는 것이 중요하다. 그 방안 중 가장 핵심적인 것이 요점을 중심으로 간결하게 이야기하는 것이다.

토론에서 간결하게 이야기하려면 다른 사람들의 이야기를 들으면서 자신이 할 이야기의 개요가 동시에 정리되어야 한다. 이것은 실질적으로 대단한 순발력을 요구한다. 이러한 순발력이 부족하다면 자신이 할 이야기를 정리할 사이에 토론에서 발언할 적절한 시점을 놓치게 된다. 또한 토론에서 간결하게 이야기하려면 앞선 사람의 이야기와 비교하여 좀 다른 지점만을 언급해야 한다. 토론은 일정한 흐름 속에서 진행되고 있고, 토론에 참여하는 사람들이 다른 사람들의 이야기를 경청하고 있다는 것이 전제되어 있기 때문에 논지의 전개상 불가피한 경우가 아니라면 이전에 언급된 것은 되풀이하지 않고 흐름을 이어 가면서 발언하되, 꼭 해야 할 이야기만 하는 것이 바람직하다.

토론에서 간결하게 이야기하는 데 사회자가 중요한 역할을 하기도 한다. 수업에서 토론을 할 때 학생들의 이야기를 매개하는 위치에 교수가 있게 된다. 그래서 교수가 자연스럽게 사회자가 된다. 학생들끼리 토론을 하는 경우에도 사회자가 있을 때 토론이 좀 더 원활하게 진행될 수 있다. 토론에서 사회자는 적절한 시점에 개입하여 발언자의 이야기가 곁가지로 흘러가는 것을 차단하거나 발언자가 이야기를 마무리하게 하는 역할을 한다. 사회자는 또한 토론에 참여한 사람들이 공평하게 토론에 참여할 수 있도록 발언의 기회를 배분하는 역할을 한다. 이를 위해서도 사회자는 발언자가 이야기를 간결하게 하도록 유도할 필요가 있다.

상생적으로 토론하기

토론에서 주제에 대해 가능한 범위 안에서 사전에 충분히 검토해 보고, 다른 사람들의 이야기를 경청하고, 자신의 이야기를 간결하게 하는 것은 모두 상생적으로 토론하기로 수렴된다. 수업에서 토론은 형식적으로 거치기만 하는 절차가 아니기 때문에 교수와 학생 모두에게 의미가 있어야 한다. 교수는 학생들이 토론에서 보여 주는 모습을 보면서 각각의 앎의 수준을 가늠하고, 전체적으로 학업 진척 상황을 가늠한다. 학생은 다른 학생들의 이야기를 들으면서 자신의 앎의 수준과 비교하고, 자신이 좀 더 관심을 기울여 노력해야 할 지점을 파악한다. 요컨대 교수는 교수로서, 학생은 학생으로서 마땅히 해야 하는 일을 해 나가는 데 토론이 도움이 되어야 한다.

이것은 수업에서의 토론이 아닌 대학생활과 관련된 학생들 간의 토론의 경우에도 동형적으로 적용된다. 특정한 문제나 주제를 가지고 토론하면서 학생들 간의 다양한 생각을 확인하고, 이를 수렴해 나가면서 암묵적으로 동의를 창출해 나가는 과정은 그 자체로 학생들에게 의미 있는 경험이 된다. 이러한 토론에서는 실제로 의견수렴을 하고 의사결정을 하는 것이 중요하기 때문이다. 누군가 일방적으로 결정하는 것이 아니라 토론을 통해 서로의 의견을 확인하고, 현 시점에서 적합성을 가지는 접점을 찾아나가는 과정은 그 자체로 민주적일 뿐만 아니라 교육적이기도 하다. 왜냐하면 이 과정에 토론에 대한 인식과 실천 수준의 향상이라는 교육적 측면이 함축되어 있기 때문이다.

배움은 어느 누구도 대신해 줄 수 있는 것이 아니다. 그러나 다른 사람들의 조력을 받음으로써 배움은 더 활력 있게 진행될 수 있다. 토론도 여기서 예외가 될 수 없다. 그래서 배움에는 개인적인 활동과 집단적 활동이 중첩되는 예가 많다. 이 점에서 개인적으로 배움에 참여하되 그 활동을 통해 다른 사람들에게도 도움이 되는 방향으로의 활동의 지향에 대해 생각해 볼 수 있고, 구체적으로 그러한 방향으로 실천도 할 수 있다. 여기서 토론을 통해 자신을 과시하는 데 주력하거나 자신에게 필요한 정보만 선별적으로 획득하는 데 주력하는 것은 바람직하지 않다.

토론에 참여하되 자신에게도 도움이 되고 다른 사람들에게도 도움이 되도록 하려면 어떻게 할 것인가? 다른 사람들의 이야기를 경청하게 되면 다른 사람들의 이야기 속에서 참신한 생각과 접속하는 순간이 있다. 다른 사람들의 이야기 속에 실제로 참신한 생각이 있을 수도 있고, 다른 사람들의 이야기를 따라가면서 함께 진행되는 자신의 생각이 상승작용을 하면서 불현듯 참신한 생각이 떠오를 수도 있다. 이 생각은 다른 사람들의 이야기를 경청하는 것에 수반되는 선물과 같은 것이다.

다른 사람들의 이야기를 경청하면서 가지게 된 다양한 생각들을 혼자서 간직하고 않고 순발력을 발휘해 잘 정리해서 다른 사람들에게 이야기하게 되면 그 이야기는 그들이 각자의 생각을 진전시키는 데 도움이 될 수 있다. 머릿속에만 가지고 있는 생각으로는 결코 다른 사람들에게 도움을 줄 수 없다. 머릿속에 있는 생각을 구체적으로 표현할 때 그 생각은 검토의 자료가 되고, 공유의 지점이 되고, 또는 배움의 접점이 된다. 이것은 토론에 적극적으로 참여하는 자세를 가지고 실행할 때 가능한 것이다.

토론을 할 때는 자신의 관점 또는 입장에 부합되는 이야기만 전개되는 것이 아니라 그에 부합되지 않는 이야기도 전개된다. 자신의 관점 또는 입장에 부합되지 않는다고 해서 무조건 부정적이거나 냉소적인 반응을 보이는 것은 바람직하지 않다. 그 관점이나 입장이 과연 무엇인가를 파악하고, 상대방이 왜 그러한 관점이나 입장을 가지게 되었는지 헤아리며, 그러한 관점이나 입장을 가질 때 자신이 보지 못하는 무엇을 새롭게 볼 수 있는지 숙고해 보아야 한다. 그렇지 않으면 자신의 관점 또는 입장에 매몰되게 된다. 그러므로 토론에서는 자신의 관점 또는 입장을 피력하는 것뿐만 아니라 다른 사람들의 관점 또는 입장에 대해 열린 자세를 견지할 필요가 있다.

토론에서 다루는 주제와 관계없이 토론을 어떻게 진행하고, 토론에 대해 어떤 자세를 취하는가에 따라 토론의 경험은 교육적 경험이 될 수도 있고, 비교육적 경험이 될 수도 있다. 비교육적 경험 중에 대표적인 것은 정치적 경험이다. 즉, 토론을 통해 정치적 역학 또는 권력적 관계를 확인하고 실감하는 것이다. 수업에서의 토론 그리고 수업을 제외한 다른 대학생활에서의 토론은 교육적 지향을 가질 필요가 있다. 여기서 교육적 지향은 토론을 통해 서로 교육적 성장을 경험하는 것에 대한 지향을 말한다. 이러한 지향은 교수와 학생이라는 대학의 구성원들이 함께 노력할 때 비로소 실현될 수 있다.

5. 토론의 실제

토론은 다양한 맥락에서 다양한 방식으로 진행될 수 있다. 원활한 토론을 위해 토론에 참여하는 사람들은 토론에 관한 규칙을 미리 정할 수도 있다. 토론에도 보고서 작성에서와 마찬가지로 시작 부분이 있고, 중간 부분이 있으며, 마지막 부분이 있다. 이것은 토론에 참여하여 이야기를 하는 사람에게도 적용되지만 토론 전체에도 적용된다. 토론의 진행에는 토론을 잘 마무리하는 것까지 포함된다.

이 절에서는 토론이 이루어지는 실제에 관해 그 다양성의 측면에서 논의한다.

온라인 토론과 오프라인 토론
일반적으로 토론은 면대면으로 진행하는 것으로 이해되었다.

그러나 인터넷이 발달하면서 인터넷상에서 여러 사람이 동시에 참여하여 토론을 진행하는 것도 가능하게 되었다. 이에 따라 인터넷상에서 진행하는 토론을 온라인 토론이라고 규정하고, 이에 대비되는 면대면 토론은 오프라인 토론이라고 규정한다. 결과적으로 오프라인 토론은 인터넷의 매개 없이 진행되는 토론을 의미한다. 인터넷의 발달로 토론의 경우에도 인터넷을 중심으로 규정하고 구분하는 변화가 나타난 것이다.

온라인 토론은 특정한 사이트의 게시판에 누군가 의견을 올리고 이에 대해 댓글을 다는 방식으로 진행된다. 이 댓글이 처음 의견에 대한 찬성의 견해를 피력한 글일 수도 있고, 반론을 제기하는 글일 수도 있다. 첨예한 의견 대립이 존재하고 대립되고 있는 의견에 대한 찬반이 분명한 경우에는 토론이 활발하게 진행될 수도 있다. 이 경우 서로의 입장의 타당성을 뒷받침하기 위한 다양한 근거들이 동원된다.

게시판에 찬성을 표시하는 난과 반대를 표시하는 난이 별도로 구분되어 있는 것이 아니기 때문에 인터넷에 접속하여 의견을 제시하는 순서에 따라 연달아 댓글이 달리게 된다. 따라서 처음부터 주의 깊게 따라가지 않는다면 연속되는 찬반의 논지를 제대로 파악하는 것 자체가 어려울 수도 있다. 더욱이 인터넷 화면의 크기가 한정되어 있을 뿐만 아니라 한 화면에 나열할 수 있는 댓글의 수도 한정되어 있기 때문에 현재 화면 이전에 있어서 이미 지나가 버린 댓글들을 다시 보려면 일일이 이전 화면으로 돌아가 확인하지 않으면 안 된다.

온라인은 전기선으로 연결된 인터넷이 켜진 상태에서만 가능하다는 점을 부각시키는 용어이다.

다수가 동시에 인터넷에 접속하여 의견을 올리는 것이 가능하고, 다만 그 순서에 따라 순차적으로 그리고 빠른 속도로 진행되기 때문에 댓글 자체가 논리적인 순서로 배열되지 않는 경우가 자주 발생하게 된다. 입력하는 속도의 차이 때문에 한 사람의 댓글에 대한 찬성의 의견이 제시되기도 전에 반대의 의견이 연속해서 올라올 수도 있고, 그 반대의 경우도 가능하다. 토론이 진행되는 중에도 새롭게 인터넷에 접속하여 토론에 참여하는 것이 가능하고, 이전 논의에 대한 참조 없이 이전에 이미 제시된 동일한 의견을 반복하여 제시하는 경우도 발생하게 된다.

이러한 난점에도 불구하고, 인원의 제한 없이 다수가 참여할 수 있고, 누구나 언제 어디서나 인터넷만 있다면 참여할 수 있다는 점에서 온라인 토론은 토론의 새로운 장을 열어 가고 있다. 이 같은 흐름 속에서 인터넷상에서 진행되는 토론에서 두각을 나타내거나 분명한 입장을 가지고 자주 등장하는 사람을 지칭하는 '인터넷 논객'이라는 표현도 등장하게 되었다. 짧은 시간 안에 시사적인 문제에 대해 다수의 의견을 확인하는 방법으로 인터넷 토론이 활용되기도 한다.

오프라인 토론에서 참여에 제한을 두고 소수의 사람들만 토론에 참여하게 하는 경우 여기에는 대부분 일정한 절차가 마련되어 있어서 토론이 체계적으로 진행될 수 있다. 특정한 기관이나 단체에서 주최하는 토론회가 대표적인 예가 될 것이다. 이러한 토론은 체계적으로 진행되는 장점이 있지만 소수만 참여하고 다수는 거의 관객으로 참여할 수밖에 없는 단점이 있다. 그럼에도 불구하고 소수의 전문가들이 짧은 시간 안에 밀도 있는 토론을 진행하고, 그 토론을 지켜보는 사람들, 즉 주로 일반인들에게 유용한 정보를 제공해 준다는 점에서 빈번하게 활용되고 있다.

수업에서 진행하는 온라인 토론은 적정한 수가 참여한다는 점에서 앞서 언급한 난점을 줄일 수 있다. 수업에서 진행하는 오프라인 토론도 수업에 참여하는 모든 학생이 다 참여하게 할 수 있다는 점에서 앞서 언급한 단점을 극복할 수 있다. 수업에서 진행하는 온라인 토론의 경우에는 참여도 평가와 맞물려 있기 때문에 학생 모두가 의견을 개진하는 것이 의무가 되지만, 오프라인 토론의 경우에는 의견 개진 없이 참여하는 것 자체를 문제 삼지 않는 것이 일반적이다.

토론의 맥락

토론이 대학생활의 일부이기는 하지만 일상적인 것은 아니다. 대학에서 토론은 수업의 맥락이나 학술적 맥락에서 활용되기도 하고, 집단적인 의사결정의 맥락에서 활용되기도 한다. 어떤 맥락에서 활용되든 토론에서는 의견이나 논점의 차이를 드러내고, 이에 관해 논의하고, 가능한 범위 안에서 의견이나 논점을 수렴해 나가는 방식으로 진행되기 때문에 의견이나 논점의 차이가 전제되지 않는다면 토론은 부각될 수 없다. 그러한 전제가 없는 경우에는 토론의 과정 없이 일방적으로 주장하거나 지시하는 모습만 볼 수 있을 따름이다.

대학은 학문공동체이자 교육공동체이기 때문에 토론은 양자의 맥락에서 다 이해될 수 있다. 학문공동체에서는 학문활동을 중시한다. 학문활동은 현상세계에 대해 질문을 제기하고 그 질문에 대해 학문공동체에서 정련시켜 온 방법을 활용하여 체계적으로 답하는 활동이다. 질문과 대답으로 구성되는 하나의 매듭을 드러내고 이에 대해 비판적인 논의를 전개하는 것이 토론이다. 따라서 토론은 각자의 학문활동에 대해 비판적으로 검토해 보는 계기가 되며, 이 점에서 그 자체가 학문활동이기도 하다.

대학에서는 학문활동의 수준을 높여 나가야 하는 과제를 갖게 되는데 이에 개입하는 교육활동을 하기도 한다. 학문은 교육활동을 위한 소재가 된다. 교육에서는 특정한 학문을 소재로 하여 한편으로는 그 학문에 대한 앎의 수준을 높여 가는 활동을 하며, 이것을 가능하게 하는 역량의 수준을 높여 나가는 활동을 한다. 이 과정에서 집단 속에서 개별 학생의 현재 수준을 파악하고 이들이 다음 수준으로 나아갈 수 있도록 어떤 조력을 할 것인가 궁리하는 가운데 교수가 활용하는 것 중의 하나가 토론이다.

대학에서는 학술세미나가 자주 개최된다. 일반적으로 학술세미나에서는 특정한 주제와 관련하여 오랜 연구경력을 가지고 있고 그 결과 전문적인 식견을 갖추고 있는 전문가들의 토론이 진행된다. 이 세미나에서 가장 많은 비중을 차지하는 것이 토론이다. 발표자는 일종의 발제를 하는 것이며, 토론자들은 이에 대해 토론하는 것이다. 그리고 다시 토론자의 토론에 대해 발표자가 자신의 의견을 개진하는 기회를 갖는다. 따라서 세미나는 토론의 형식을 공유하고 있는 셈이다. 이 세미나에 발표자와 토론자로 참여하는 전문가들은 서로 새로운 배움의 기회를 가질 수 있다. 뿐만 아니라 이 세미나에 참여하는 학생들(학부생들과 대학원생들)은 세미나에서 진행되는 내용뿐만 아니라 세미나의 진행방식을 배우게 된다. 요컨대 학술세미나는 학술적인 토론의 장이기도 하지만 그 자체로 교육과의 접속이 일어나는 장이기도 하다.

대학의 수업에서는 다양한 방법이 활용된다. 수업은 교수가 교수자로서 학습자인 학생을 만나 교육적 소통을 도모하는 장이다. 수업에서는 교수가 특정한 영역에서 자신이 가지고 있는 앎의 수준까지 학생이 올라올 수 있도록 조력한다. 이를 위해 교수가 학생에게 직접 설명하는 방식을 취할 수도 있고, 보고서 과제를 작성하여 제출하게 할 수도 있으며, 특정한 주제 또는 쟁점과 관련하여 학생들로 하여금 사전에 준비를 하게 한 다음 토론에 참여하게 할 수도 있다. 이 경우 토론은 수업에서 활용하는 교수방법의 하나가 된다.

대학은 학문공동체이기도 하고 교육공동체이기도 하지만, 동시에 생활공동체이기도 하다. 학생들은 대학생활을 하는 가운데 자치활동을 해야 하며, 이를 위해 지속적으로 의사결정을 해야 한다. 학생회 임원들에게 의사결정을 일임하기도 하지만, 의사결정을 위해 학생 간의 토론을 활용하기도 한다. 사실 학년별, 학과별, 단과대학별, 대학별, 학년 간, 학과 간, 단과대학 간, 대학 간 논의를 할 때 가장 많이 활용되는 방법이 토론이다. 전체의 참여를 전제로 하지만 소수가 참여하여 의사결정을 하는 경우도 있다. 그러나 토론에 참여하지 못하는 상황에서는 의사결정에 대한 위임이 전제되기 때문에 참여한 소수의 학생들이 대표성을 갖게 된다.

토론의 방식

토론을 어떤 방식으로 진행할 것인가는 토론의 맥락에 의해서 결정되며, 다음에 다루게 되겠지만 토론의 규칙을 어떻게 정하는가에 따라 영향을 받는다. 앞서 언급한 바와 같이 대학에서 토론은 생활의 일부가 되어 있기 때문에 여기에는 역사와 전통과 관행이 있다. 즉, 역사적인 흐름 속에서 전통으로 계승되어 온 토론의 관행이 대학의 토론에는 존재하기 때문에 이를 존중하고 이에 따르는 것이 필요하며, 이 맥락은 사회화의 맥락이기도 하다. 그러나 여기에도 수준이 존재하기 때문에 좀 더 역량이 요구되는 토론에 참여하기 위한 노력의 과정에는 교육이 개입된다. 즉, 토론 자체가 교육의 소재가 되는데 토론의 방식은 그 핵심적인 일부가 된다.

학술세미나에는 사회자와 발표자, 토론자와 청중이 존재한다. 학술세미나는 특정한 주제를 내걸고 진행된다. 사회자의 진행에 따라 발표자가 먼저 그 주제와 관련하여 자신이 연구하고 숙고한 내용을 정리하여 발표한다.[8] 학술세미나에서는 한 명의 발표보다는 여러 명의 발표가 이어진다. 하나의 주제에 대한 다양한 접근이 가능하기 때문에 학술세미나에서는 이를 구체적으로 시연하는 것이다. 발표자에 대해서는 한 명의 토론자나 두 명의 토론자가 배정되어 이들이 발표내용에 대해 토론한다. 경우에 따라서는 모든 발표자의 발표내용에 대해 일괄해서 서로 다른 입장을 대변하는 사람들이 토론자로 배정되어 토론을 하기도 한다.

어느 경우든 토론자는 발표자의 발표내용에 대해 비판적인 시각을 가지고 검토하고 그 결과 갖게 된 의견을 토론의 형식으로 제시한다. 발표내용에 대해 전적으로 동의하는 논의를 할 수도 있고, 부정하는 논의를 할 수도 있으며, 일부는 동의하고 일부는 부정하는 논의를 할 수도 있다. 일반적으로 토론자가 언급한 내용에 대해 발표자가 자신의 의견을 개진하는 시간을 가진다. 그리고 사회자는 시간이 허용하는 범위 안에서 청중 중에서 토론에

---

[8] 발표자의 발표가 있기 전에 그 주제에 관한 최고 전문가의 기조강연이 먼저 진행되는 경우도 있다.

참여할 것을 유도하기도 한다. 여기서의 초점은 찬반 자체에 있다기보다는 찬반의 논리를 통해 논의를 좀 더 확대하고 심화시키는 데 있다.

학술세미나 중에는 발표하고 토론하는 시간을 가능한 한 짧게 해서 발표하고 토론하는 요지만 언급하게 하고, 청중의 토론 참여도 최소화하는 방식으로 진행하는 매우 형식화된 학술세미나가 있다. 그러나 발표자도 충분히 발표하게 하고, 토론자를 포함하여 청중도 충분히 토론에 참여하게 하는 방식으로 진행하는 학술세미나도 있다. 이 중 어느 것을 선택하는가는 학술세미나를 기획한 사람들의 선호의 문제일 수도 있고, 그들이 속한 학문공동체의 관행의 문제일 수도 있다.

수업에서의 토론은 다루고자 하는 주제나 쟁점과 관련하여 한 학생이 대표로 발제를 하거나, 하위주제나 관련된 쟁점까지 포함하여 여러 학생이 대표로 발제를 하고 전체 학생이 함께 토론하는 방식을 취할 수 있다. 물론 특정한 발제 없이 자유토론 형식을 취할 수도 있다. 경우에 따라서는 교수가 학생들에게 질문을 제시하고, 학생들의 다양한 의견을 듣고, 이에 대해 다시 질문을 이어가는 형식을 반복하면서 수업을 전체적으로 토론식으로 진행하기도 한다. 어느 경우든 교수는 전체적으로 수업을 진행하는 위치에 있기 때문에 학생들이 토론하는 중간에 적절한 시점에 개입하여 토론이 좀 더 원활하게 진행되거나 밀도 있게 진행되도록 유도하기도 한다.

대학생활과 관련하여 학생들끼리 토론을 하는 경우에는 일반적으로 누군가 안건을 제시하고, 그 안건에 대해 부연설명을 하고, 그 다음 참석한 학생들이 각자의 의견을 개진하는 방식으로 진행된다. 학생들 간에 심각한 의견대립이 있는 경우 대립의 지점을 정확히 파악하고, 그 지점에서 어떤 절충점을 찾거나 대립에도 불구하고 수렴점을 찾아 나가는 노력을 하게 된다. 경우에 따라서 절충점이나 수렴점을 찾지 못하면 다시 회의를 소집하여 토론을 이어 나가기도 한다. 그러나 어떤 식으로든 결정이 필요한 안건이라면 토론을 충분히 한 다음 다수결에 따라 의결을 하기도 한다.

토론의 규칙

토론에 참여하는 사람들이 각자 자신의 이야기만 하려고 한다면 토론이 제대로 진행될 수 없다. 앞서 언급한 바와 같이 토론도 일종의 대화이기 때문에 대화가 가능한 방식으로 토론이 진행되도록 해야 한다. 이 규칙에서 대표적인 것이 발언의 배분에 관한 규칙이다. 여기서는 발언의 순서와 시간이 관건이다. 즉, 어떤 순서에 따라 발언을 할 것인가, 어느 정도까지 발언시간을 허용할 것인가를 정하는 것이 필요하다. 이것은 특정한 사람이 토론을 좌우하지 않고 가능한 한 많은 사람이 토론에 참여하도록 하는 것이 중요하기 때문이다.

발언의 순서를 정하는 일반적인 방식은 손을 들어 발언기회를 주도록 청하고, 사회자가 이렇게 손을 든 사람들 중에 누군가를 지명하는 것이다. 이때 사회자는 특정한 사람에게 발언기회가 몰리지 않고 가능한 한 많은 사람들에게 발언기회가 배분되도록 발언자를 지명하는 재량권을 갖게 된다. 토론 중에 특정한 두 사람이 질문하고 대답하는 것이 이어지는 경우도 발생할 수 있다. 이 경우에는 일시적으로 이 두 사람에게 토론기회가 집중되는 것이 불가피하기도 하다. 물론 이에 대한 판단은 사회자가 하게 되지만, 다른 사람들이 동의하는 묵인이 있어야 한다.

세미나에서 주제발표를 하고 이에 대해 지정토론을 할 때 가장 많이 언급되는 것이 시간이다. 일반적으로 지정토론에 비해 주제발표에 많은 시간을 할애한다. 그럼에도 불구하고 지정토론하는 사람이 주제발표하는 사람보다 더 많은 시간을 쓴다면 이것은 토론의 규칙을 어기는 것이다. 주제발표를 할 때도 요점을 간추려서 간결하게 해야 하며, 지정토론을 할 때도 마찬가지이다. 청중 중에서 발언을 하는 경우에도 이 원칙은 지켜져야 한다. 토론의 전체적인 흐름이 있음에도 불구하고, 누군가 정도 이상으로 길게 발언을 하게 되면 흐름이 깨지게 되고, 토론이 산만하게 된다.

온라인 토론과 같이 순서에 따라 차례로 발언을 하는 것 자체가 임의적으로 조정되지 않는 경우 토론의 규칙을 정하는 것은 오프라인 토론과 다를 수밖에 없다. 전적으로 자유토론을 표방하는 경우에는 각자 보고 있는 의견에 즉시적으로 자신의 의견을 피력하는 방식을 반복할 수밖에 없다. 특히 단 몇 초 사이에 한 화면이 넘어갈 정도로 많은 사람이 접속하여 댓글을 다는 경우 토론의 흐름을 이해하는 일은 전적으로 이 토론에 참여하는 각자에게 일임될 수밖에 없다.

온라인 수업에서 토론을 하는 경우에는 일반적으로 적정한 수의 학생들로 조를 편성한다. 그래서 한 조에 편성된 학생들이 특정한 주제나 쟁점을 두고 토론에 참여하게 된다. 정해진 짧은 시간 안에 토론을 마치기보다는 일정 기간 토론을 진행하기 때문에 각자 편리한 시간에 자신의 의견을 피력하고, 이에 대해 다른 학생이 개진한 의견을 하나하나 읽어 보고 다시 자신의 의견을 피력할 수 있다. 온라인 수업에서 토론은 토론 자체로 끝날 수도 있고,

조장의 주도 아래 토론한 결과를 정리하여 제출하는 것으로 마무리될 수도 있다.

이처럼 온라인 토론의 방식을 취하게 되면 오프라인 토론과는 다른 규칙을 적용할 수밖에 없다. 토론에 참여하는 사람이 어떤 순서로 얼마나 발언을 할 것인가를 규제할 수 없기 때문에 그러한 규제를 하지 않는 것이 토론의 규칙이 된다. 또한 앞서 언급한 바와 같이 일정한 기간 안에 자유롭게 자신의 의견을 개진하는 방식으로 토론에 참여하는 것을 규칙으로 정할 수도 있다. 물론 여기서도 경청하고 간결하게 말하기와 같은 토론의 원리는 그대로 적용되어야 한다.

수업에서 온라인 토론을 하는 경우에 소수가 조를 편성하여 토론을 하기 때문에 조원 중 누군가가 의견을 피력한 것에 대해 다른 조원 전체가 댓글을 달고, 이를 모두 검토한 다음 조원 중 다른 누군가가 다른 의견을 피력하고 다시 다른 조원 전체가 댓글을 다는 방식으로 토론을 진행하는 규칙을 채택할 수도 있다. 다만 여기서 댓글이 아닌 방식으로 다른 의견을 피력할 때는 앞서 논의한 것을 좀 더 확장하거나 심화시킨다는 전제가 있어야 할 것이다.

토론의 정리

토론은 전체적으로 서론과 본론과 결론이 있다. 끊임없이 서론만 반복하거나 본론만 이어 가는 것은 적절하지 않을 뿐만 아니라 현실적으로 가능하지도 않다. 토론은 어떤 식으로든 마무리되어야 한다. 일반적으로 토론에서는 이처럼 마무리가 있는 토론을 기대하게 된다. 토론을 마무리할 때는 사회자의 역할이 매우 중요하다. 앞서 언급한 바와 같이 수업에서 온라인 토론을 하는 경우라면 조장의 역할이 매우 중요하다. 물론 사회자나 조장이 마무리 작업을 할 수 있도록 토론에 참여하는 모든 사람이 조력하는 것도 중요하다.

토론에서는 하나의 주제나 쟁점을 가지고 논의를 하기 때문에 토론의 과정에서 그 주제나 쟁점이 왜 중요하고 그와 관련하여 어떤 논의들이 가능한가에 대해 알게 된다. 이 과정에서 상대방의 논의를 경청하면서 그로부터 새로운 무엇인가를 배우기도 하고, 자신의 생각과의 접속 속에서 참신한 새로운 생각이 생성되기도 한다. 그러나 이렇게 토론의 과정에서 벌어지는 일을 각자에게만 맡기면 서로의 의견을 종합하고 수렴하는 마지막 지점에서의 배움의 순간을 놓칠 수도 있다. 함께 토론한 것을 결론으로까지 밀고 나가는 것 자체가 중요한 교육적 경험이 될 수 있다는 사실을 간과해서는 안 된다.

토론의 전체적인 흐름을 파악할 것이 기대된다고 하더라도 그 파악에 기초하여 실질적으로 논의를 마무리하기 위해서는 토론 내용 전체를 종합하는 능력이 요구된다. 이때의 종합은 요약과는 다른 것으로 요약을 넘어서는 것이다. 토론을 통해서 특정한 주제나 쟁점과 관련하여 진전된 방식으로 집단적인 논의를 한 결과로서 도달하게 된 지점을 명료화하는 것은 요약에서와는 다른 능력이 요구된다.

토론에 개별적으로 참여하지만 토론 자체는 집단적인 행위이다. 토론은 집단적으로 지성을 발휘하는 방식으로 진행된다. 따라서 개별적으로 경험한 것을 집단적으로 정리해 내고, 그것을 집단적 학습의 결과물로 내놓는 것이 필요하다. 이를 위해서는 토론하는 과정에서 앞서 논의된 것에서 한 단계 진전된 논의를 하려고 노력하는 바로 이 개별적인 작업을 집단적인 작업으로 수렴해 나가야 한다.

학술세미나나 수업에서의 토론은 학문적 맥락 속에 있기 때문에 다음에 토론해 보아야 할 주제나 쟁점을 도출하고 이를 제시하는 것으로 마무리하는 것이 가능하다. 학문은 끝이 열려 있는 활동이라는 것이 학술세미나나 수업에서의 토론에서도 예증되어야 한다. 이것이 교육적으로도 바람직하다. 교육에서 일정한 매듭이 있기는 하지만 그 매듭은 다음 단계로 나아가기 위한 것이기 때문이다.

대학생활과 관련된 토론에서는 필요한 의사결정을 하는 것으로 마무리된다. 이후에는 그 결정에 따라 실천하는 것이 중요하다. 따라서 구체적으로 어떻게 실천할 것인가에 대한 후속 논의가 이어질 수도 있다. 이에 대해 다시 앞서 의사결정을 할 때와 같은 방식으로 토론을 진행할 수도 있지만, 이미 의사결정이 내려진 상태이기 때문에 구체적인 실천과 관련하여 몇 사람이 전체를 대표하여 논의하고 결정하게 하는 것으로 마무리할 수도 있다.

학술적인 형식의 토론이든 대학생활에서의 의사결정을 위한 토론이든 언제 어디서 어떤 내용의 토론이 이루어졌는가에 대해 정리하는 작업은 역사적인 기록으로서 중요하다. 토론에 대해 따로 정리해 놓지 않으면 그 토론은 말 그대로 일회적인 사건이 되어 잊혀지고 만다. 그런데 기록으로 남겨 놓으면 귀중한 참조자료가 될 수 있다. 이것은 토론을 마무리하는 차원에서 토론 내에서 하는 정리는 아니지만 '기록의 문화'를 형성해 나가는 차원에서 검토해 볼 가치가 있다.

한국방송통신대학교와
프라임칼리지

1. 한국방송통신대학교

우리나라에서 원격교육에 대해 논의할 때 한국방송통신대학교(이하 "방송대")는 독특한 위상을 가지고 있다. 우리나라에서 방송대는 최초의 원격대학이며, 처음부터 평생교육법이 아닌 고등교육법에 근거를 둔 대학이다. 가장 저렴한 등록금 정책을 유지하고, 전국에 캠퍼스를 두고 있는 대학은 우리나라에 방송대밖에 없다.

이 절에서는 우리나라에서 독보적인 위치에 있는 방송대의 역사와 특징에 대해 개관한다.

방송대의 역사 : 고등교육기회의 확대

방송대는 1972년 서울대학교 부설로 설치되었다. 당시는 대학의 문호가 좁아 대학에 진학하는 것이 수월하지 않았다. 그래서 대학진학에 실패한 고등학교 졸업생들 대다수가 대학에 진학할 때까지 대학진학을 위한 시도를 멈추지 않았다. 이 숫자가 누적되는 것은 그대로 비경제활동인구의 증가를 의미하는 것이다. 대학에 진학하지 못한 상태에서 경제활동에도 참여하지 않는 이 인구는 국가적인 차원에서 부담으로 인식되었다. 이 부담을 줄이기 위해서 대학에 진학할 수 있는 대안적인 통로를 구상하게 되었고, 그것이 방송대로 가시화된 것이다.

대학의 문호가 좁아 병목현상이 심화되고 경제적인 부담을 안고 있는 상태에서 부모로서 대학에 진학시킬 자녀를 선택하는 문제는 더 심각하게 되었다. 남자가 제도화된 교육에 참여하고, 여자도 제도화된 교육에 참여할 수 있다면 남자는 그보다 상급의 교육에 참여하는 것이 바람직하다는 생각이 통념이 되어 있는 상태에서 여자는 상대적으로 대학교육의 기회를 갖기가 어려웠다. 만약 경제적인 형편이 너무 곤란하다면 남자도 대학교육에는 참여하기가 어려웠다.

대학교육의 기회를 갖지 못한 사람들은 대부분 직업세계에 들어갔다. 가정의 생계문제를 해결하는 것이 당시로서는 무엇보다 중요한 문제였기 때문이다. 그렇다고 이들이 모두 대학교육에 참여하는 꿈을 완전히 포기한 것은 아니었으며, 그 꿈을 언젠가는 이루겠다는 소망을 가지고 있었다. 이들 중에는 직장생활을 하면서 한편으로는 열심히 일해 돈을 벌고, 다른 한편으로는 대학진학을 위한 준비를 꾸준히 하여 결국 대학에 진학한 사람들도 있다. 그러나 직장생활을 하고, 결혼을 하고, 아이를 낳아 기르고 학교에 보내는 긴 세월 동안 대학교육에 참여하는 꿈을 포기한 사람들도 있다.

방송대는 이들에게 그 꿈을 다시 되살려 내고 실현할 수 있는 대학으로 부각되었다. 방송대는 별도의 입학시험을 보지 않고 고등학교 졸업성적만으로 진학할 수 있게 설계되었기 때문이다. 대학진학의 꿈은 있었지만 오랫동안 교과목에 대한 공부를 접고 살아 온 기나긴 삶을 극복하고 다시 대학입학을 위한 시험을 본다는 것은 대단히 어려운 일이다. 대학에 진학할 수 있는 경제적 여건이 되었다고 하더라도 이 시험이라는 관문을 넘는 것이 어려워 꿈을 포기한 경우도 있다. 경우에 따라서는 시험이라는 관문을 넘을 수도 있겠지만 자녀의 학업을 지원하는 위치에 있으면서 자신도 대학교육에 참여하여 경제적으로나 정서적으로 자녀에 대한 지원을 소홀히 할 가능성을 감내하기 어려워 꿈을 포기한 경우도 있다. 그런데 방송대는 입학시험을 보지 않고, 경제적 부담을 최소화하면서 진학하는 것이 가능한 대학이었기 때문에 이들에게 방송대는 한 줄기 빛과 같은 대학이었다.

그렇다고 방송대가 적당히 공부해도 졸업할 수 있는 대학으로 설계되지는 않았다. 방송대는 국내 최초로 원격으로 교육을 진행하는 방식을 도입하였다. 출석하여 수업에 참여하는 것이 포함되어 있었지만 대부분 라디오로 진행되는 강의를 들으며, 카세트테이프에 녹음되어 있는 강의를 듣고, 강의를 위해 제작된 자료를 읽으며 개별적으로 공부하는 방식으로 진행해야 한다. 대학교육과 관련하여 면대면 수업에 익숙해 있는 상황에서 이것은 파격적인 것이었고, 그 연장선상에서 학습의 질적 수준에 대한 의구심을 피할 수 없었다. 그래서 과정적 충실성을 학생에게 거의 일임하면서 평가에 관한 한 엄정하게 하는 방식을 취하였다. 그 결과 방송대는 들어오기는 쉽지만 졸업하기는 대단히 어려운 대학으로 정평이 나게 되있고, 방송대를 졸업했다는 사실만으로도 당사자의 끈기와 성실성을 인정받게 되었다.

이렇게 방송대에 진학하는 사람이 증가하면서 방송대는 고등교육기회를 놓친 사람들에게 제2의 고등교육기회를 제공하는 대학으로 자리 매김되었다. 즉, 방송대는 대학에 진학할 수 있는 대안적인 통로로서 확고한 위상을 갖게 된 것이다. 그러나 이 사실은 한편으로는 방송대의 족쇄가 되기도 하였다. 입학시험 성적으로 들어갈 수 있는 대학의 순위가 매겨지는 현실에서 입학시험 없이 들어가는 것에서 비롯된 낮은 평가가 바로 그 족쇄이다. 그러나 이 평가는 방송대를 졸업하는 학생들이 보여 주는 탁월성에 비추어 보면 타당한 것이 아니다. 물론 이것은 어떤 것에 우선적인 가치를 부여하는가와 같은 관점의 문제이기도 하다.

방송대의 역사 : 원격교육의 정착

방송대는 앞서 언급했듯이 라디오를 통해 강의를 들을 수 있도록 하였다. 그러나 면대면 수업을 전체 수업 설계에 포함시켜서 처음에는 주로 방학기간에 협력대학을 통해 학생들이 출석수업에 참여할 수 있도록 하였다. 협력대학으로는 주로 지역의 국립대학을 활용하였다. 그래서 학생들은 자신의 지역에 있는 국립대학에서 주로 그 대학의 교수로부터 강의를 들을 수 있었다. 서울대로부터 독립한 이후에는 13개 지역에 차레로 지역 캠퍼스를 설치하고, 지역의 유능한 학자를 강사로 하여 지역 캠퍼스에서 출석수업을 진행하였다.

TV가 보급되고 점점 대중화되면서 방송대에서는 TV 강의를 시도하였다. 이를 위해 대학 내에 방송국을 설치하고 학과별로 일부 교과목을 TV 강의로 제작하였다. 그러나 방송대 방송국은 독립적인 송출기능이 없어서 공영방송을 활용하여 송출하였다. 현재는 유선방송에서 고유 채널을 확보하고 이를 통해 강의를 내보내고 있다. 초기에는 집에 TV가 없는 학생들을 위해 지역 캠퍼스에 녹화테이프를 비치하고 학생들이 대여해서 시청할 수 있도록 하였다. 현재는 유선방송에 고유 채널이 있기 때문에 하루 종일 방송대의 TV 강의를 시청할 수 있으며, 유선방송이기 때문에 자신이 수강하지 않는 교과목도 시청이 가능하다. 방송대 방송국에서는 교과목에 대한 강의를 제작하는 데 머무르지 않고 방송대 학생은 물론 일반 국민들을 대상으로 교양 성격의 프로그램을 제작하여 제공하고 있으며, 그 비중을 늘리고 있다.

방송대에서는 전국 13개 지역 캠퍼스를 연결하는 영상강의체제를 도입하고 방송국에서 13개 지역 캠퍼스를 연결하여 그곳에 모인 학생들을 대상으로 강의를 진행할 수 있게 하였다. 영상강의체제의 도입으로 전체 학생수가 작아 출석수업을 할 수 있을 정도로 반이 구성되지 않는 경우 전국의 학생들을 정해진 시간에 소속 지역 캠퍼스 영상강의실로 오게 하여 서로를 확인할 수 있는 상태에서 수업을 진행할 수 있다. 현재는 휴대폰을 통해서 동영상을 제작하여 이를 유튜브에 올리는 것이 가능한 시대이므로 휴대할 수 있는 제작장비를 동원하여 어떤 강의든지 동영상으로 제작하고 이를 유튜브에 올려 공유하는 것이 가능하게 되었다. 웹캠만 있다면 영상강의체제와 거의 유사하게 연결된 학생들이 서로를 확인하면서 수업에 참여하는 것도 가능하다. 이러한 발전의 연장선상에서 교과목 강의뿐만 아니라 학과에서 하는 공식적인 활동을 모두 인터넷상의 자료실에 올리는 것도 가능하게 되었다.

인터넷이 발달하고 인터넷 안의 가상공간을 통해 교육적 소통을 하는 것이 가능해짐에 따라 방송대에서는 이러닝 방식의 강의를 제작하는 체제를 도입하였다. 이러한 체제의 도입으로 일방향으로 강의를 제공하는 수준에 머무르는 멀티미디어 강의는 물론 여기에 학생들과 소통하는 기능이 추가된 웹 강의도 제작할 수 있게 되었다. 이러닝 방식의 수업 비중은 점점 증가하고 있다. 이것은 아날로그 제작방식을 디지털 제작 방식으로 전환하는 계기를 마련하였으며, 이로 인해 TV 강의의 경우도 아날로그 제작방식에서 디지털 제작방식으로 전환하게 되었다. 물론 이를 위해 제작장비를 모두 교체하였다.

라디오 강의와 TV 강의는 정해진 시간에 청취하고 시청해야 한다. 그러나 일과 학습을 병행하는 학생의 경우 이것이 어려울 수 있다. 그래서 방송대에서는 제작된 모든 강의를 인터넷에 올려놓고 학생들이 언제든지 내려받을 수 있도록 하였으며, 재학생이 아닌 경우에도 저렴한 가격으로 동일하게 필요한 강의를 내려받아 청취하거나 시청할 수 있게 하였다. 이것은 학생들의 요구를 수렴하여 도입한 체제라고 할 수 있으며, 언제든지 불러내어 학습하는 것이 가능하다는 점에서 LOD(Learning On Demand) 체제라고 부르고 있다. 물론 멀티미디어 강의나 웹 강의도 LOD 체제를 통해 활용할 수 있다.

방송대의 특징 : 교육 중심

방송대는 앞서 언급한 것처럼 제2의 고등교육기회를 제공하는 것에 주안점을 두고 설립되었다. 그래서 처음부터 연구 중심 대학으로 위상을 설정하지 않고 교육 중심 대학으로 위상을 설정하였다. 물론 대학의 위상과 교수가 연구에 심혈을 기울여 탁월한 연구업적을 남기는 것은 별개이다. 간혹 교육 중심 대학은 연구에 소홀한 것처럼 인식하는 경우가 있는데 이것은 사실과 다르다. 교육 중심 대학은 연구와 교육을 다 중시하되 연구를 교육에 수렴시킨다는 점에서 교육에 좀 더 비중을 두는 대학이라고 할 수 있다.

면대면으로 수업을 진행할 때는 교수가 학생들의 반응을 보면서 단위 수업 안에서 다양한 시도를 할 수 있다. 그렇게 하다가 계획한 대로 수업이 진행되지 않는다고 해서 심각한 문제가 발생하지는 않는다. 수업의 목표를 정해진 범위까지 진도를 나가는 데 두지 않고 특정한 주제나 쟁점과 관련하여 논의를 통해 풀어 나가는 방식을 학생들이 익히도록 하는 데 둔다면 오히려 다양한 시도를 하는 것이 타당하다. 그래서 면대면 수업에서는 원격교육에서의 수업보다 훨씬 더 탄력적으로 운영하는 것이 가능하다.

원격교육에서는 이미 15차시의 수업에 대한 설계가 되어 있고, 이에 따라 미리 수업을 제작하게 된다. 그래서 단 하나의 화면이라도 학생들이 그것을 통해 어떻게 학습할 것인가 상상해 보는 것이 필요하다. 더 나아가 페이지를 넘겨 가면서 학생이 접하게 될 내용에 대해서도 그것에 대한 학생의 학습의 흐름을 유추해 보는 것이 필요하다. 즉, 면대면 수업을 하지 않으면서도 마치 면대면 수업을 하는 장면을 상상하면서 수업을 설계하는 것이 필요한 것이다.

이것은 화면에서 누르게 되어 있는 버튼 하나하나에 대해서도 동일하게 적용된다. 이러닝에서는 다양한 항목이 배치되어 있다. 각 항목을 누르고 화면이 열리면 학생은 거기서 필요한 정보를 접하고 요구하는 활동을 할 수 있다. 따라서 이 항목들은 아무렇게나 배치되어 있는 것이 아니라 교육적으로 효과가 창출되는 방식으로 배치되어 있다. 적어도 여기에는 그러한 기대가 담겨 있다. 이 점에서 이러닝은 컴퓨터과학과는 초점이 다른 교육공학의 맥락에서 접근하고 있다. 컴퓨터과학에서는 기계적인 조작과 작동 자체에 주목한다면, 교육공학은 그러한 조작이나 작동을 통해 얻을 수 있는 교육적 효과에 주목한다. 그래서 교육공학에서 한편으로는 컴퓨터과학적 진전에 관심을 기울이면서도, 다른 한편으로는 그것으로 인해 혹시 초래될 수 있는 반교육적 효과에 대해서도 성찰하는 자세를 견지하게 된다.

이러한 맥락에서 대학교육체제 내에 설치되어 있는 어떤 전공 분야라고 하더라도 그 분야에 대한 원격교육의 가능성을 타진하고, 교수의 과정과 학습의 과정 자체에 대해서 세세하게 검토하고, 그 과정에서 직면하는 어려움의 성격에 대해 논의하며, 더 나아가 원격으로 진행하는 교육의 효과에 대해서 체계적으로 점검하는 연구를 수행할 수 있다. 이것은 일반대학의 교육에 대해서도 동일하게 적용된다. 대학교육의 전문성은 다루는 교과내용에 대한 전문성만으로는 충분하지 않다. 그 교과내용을 잘 학습하도록 조력하는 교수의 전문성이 뒷받침되지 않는다면 대학교육의 전문성은 실현되기 어렵다. 교수설계를 반드시 해야 하는 방송대와 같은 원격대학에서는 이 점이 특별히 더 강조될 수밖에 없다.

방송대의 특징 : 교육복지

방송대는 적령기에 고등교육기회를 갖지 못한 국민들에게 제2의 고등교육기회를 제공하기 위해 설립되었다. 이렇게 기회를 제공하는 것에 대해, 즉 이미 기회가 지나갔음에도 불구하고 추가로 기회를 제공한다는 점, 그것도 별도로 제공한다는 점, 뿐만 아니라 언제 어디서나 학습하는 것이 가능하도록 고가의 장비와 시설을 통해 프로그램을 제작하여 제공한다는 점, 요컨대 이용자의 편의를 최대한 고려하는 형태로 제공한다는 점에서 수익자 부담의 원칙을 주장할 수도 있다. 이 원칙은 자본주의의 논리에 부합하는 것이다. 그러나 방송대는 이 원칙이 아닌 국가적 책무의 원칙을 채택하였다.

고등교육에 참여하는 것은 당사자의 관심과 필요 때문이다. 그러나 고등교육에 참여하도록 하는 국가의 관심과 필요도 존재한다. 근대 이후 산업화 시기를 거치면서 유능한 인력에 대한 수요가 확대되었다. 이전에는 상상도 할 수 없을 정도로 발전된 기계와 이를 작동시키는 데 활용되는 지식과 기술이 필요하였고, 이 지식과 기술은 계속 그 수준이 향상되었다. 이를 따라잡지 않으면 세계무대에서 도태되는 운명을 피할 수 없을 것 같은 위기의식이 팽배한 상태에서 국가는 국립대학의 설립을 통해 이 문제를 해결하고자 하였다. 그리고 국민의 세금을 투입하고 등록금을 낮춤으로써 유능한 인재가 들어올 수 있는 길을 열어 놓았다.

방송대는 이와는 조금 다른 경로를 따르고 있다. 고등교육 참여에 대한 열망이 있지만 문화적인 요인을 포함한 복잡한 가정형편 때문에 대학에 진학하지 못한 국민들의 문제는 개인적인 문제 이전에 구조적인 문제라고 할 수 있다. 이 문제는 개인이 선택한 것이 아니라 선택을 강요당한 것에서 비롯되는 문제이다. 예컨대 가정형편이 어려운 것이 개인의 게으름 탓이 아니라 일할 기회가 열리지 않고, 일할 기회가 열린다고 하더라도 자녀의 대학교육에도 관심을 기울이고 지원할 만큼의 급여를 받지 못하는 상황 때문이라면 이것은 개인의 역량을 벗어나는 문제라고 할 수 있다. 이 부분에 대해서는 국가가 관심을 기울이고 지원해야 할 책무가 있다. 방송대는 바로 이 점에 주목한 것이다. 그래서 일반 국립대학보다 더 저렴한 등록금을 책정하는 결정을 하였고, 이 기조를 계속 유지해 오고 있다.

방송대의 학과에서 개설하는 교과목과 관련하여 시중에는 이미 다양한 전공서적이 출판되어 있다. 그럼에도 불구하고, 방송대는 출판부를 설치하여 별도로 교재를 출판해 왔다. 이 교재는 방송대 내부의 연구를 통하여 학생들이 혼자서 공부하는 데 도움이 되는 방식으로 설계되었다. 그리고 가장 저렴한 가격으로 출판하고 있다. 방송대에서는 현재도 1만 원 미만의 교재를 제작하면서도 단가는 낮추는 반면 질적 수준은 높게 유지하기 위한 노력을 계속하고 있다. 방송대에서는 학생들이 영리를 목적으로 제작한 시험준비서를 구입하는 데 비용을 지출하지 않고 한편으로 교과내용을 예습하거나 복습하고, 다른 한편으로 시험에도 대비하도록 워크북을 제작하여 인터넷에 올려놓고 언제든지 내려받아 공부할 수 있도록 하였다.

저렴한 등록금과 교재대금에도 불구하고, 방송대는 가능한 한 많은 학생에게 장학금을 지급하기 위해 노력하고 있다. 물론 이 장학금은 다른 대학의 장학금에 비해 그 액수는 작다. 이것은 등록금 액수 자체가 작기 때문이다. 방송대에서 장학금을 지급하는 것에는 어려운 여건에서도 학업의 끈을 놓지 않고 열심히 공부한 것에 대한 격려의 의미가 담겨 있다.

방송대에서는 장애를 가지고 있는 학생에게도 각별한 관심을 기울이고 있다. 시각장애를 가지고 있는 학생을 위해 점자교재를 제작하고, 청각장애가 있는 학생들을 위해 동영상에 수화자막을 넣어 제작하고 있으며, 시각장애와 지체장애를 가지고 있는 학생들이 시험에 응시할 수 있도록 봉사도우미를 붙여 주고 있다. 물론 이것으로 충분하다고 말할 수는 없다. 이 문제는 복지 관련 부처와 협력하여 해결해 나가야 할 문제라고 할 수 있다.

방송대의 특징 : 교육실험

교육에 대해서는 섣불리 실험을 할 수 없다. 교육은 인간의 정신적 성장에 개입하는 고유한 활동이기 때문이다. 교육에 대해 인권의 차원에서 조심스럽게 접근하는 것은 이와 무관하지 않다. 그럼에도 불구하고 인간이 좀 더 진전된 교육에 참여할 수 있도록 다양한 방도를 강구하고, 이를 위한 실험을 하는 것에는 불가피한 측면이 있다. 여기서도 실험에서 정신적인 조작을 하는 것과 같은 행위는 용인될 수 없다.

방송대는 시청각 기자재를 활용한 수업에 대한 논의가 여전히 진행되고 있는 시점에 원격교육의 방식을 채택하였다. 면대면의 수업이 전통으로 굳어져 있는 대학교육에 원격교육의 방식을 도입한 것 자체가 당시에 파격적인 것이었다. 방송대 설립은 고등교육의 질적 수준을 떨어트리는 부당한 조치로 받아들여졌고, 당연히 이에 대한 반대가 있었다. 그러나 대학교육 참여에 대한 열망과 이 열망을 수렴하고자 하는 국가의 정책적 판단에 힘입어 방송대는 설립되었다. 그러나 국내 최초로 시도되는 원격교육이었기 때문에 필요한 조치들을 하고 적합한 관행을 만들어 내기 위한 지난한 노력이 불가피하였다.

면대면으로 진행되는 강의를 들으면서 이런 강의를 녹화해 놓으면 얼마나 좋을까 하고 생각하는 때가 있다. 이것을 구체적으로 실현한 것이 TV 강의와 멀티미디어 강의 또는 웹 강의이다. TV 강의는 수업 전체를 촬영하여 제공하는 것이고, 멀티미디어 강의나 웹 강의는 동영상으로 강의를 촬영한 것을 부분적으로 활용하는 것이다. 이 모든 강의가 TV를 시청하는 것이 보편화되기 이전, 그리고 컴퓨터 사용이 일상화되기 이전에 시도된 것이다. 전 국민의 고등교육 참여를 뒷받침하는 대학으로서 TV나 컴퓨터의 가정 내 온전한 배치를 기다리지 않고 그러한 강의를 시도한 것에 대한 반대가 외부에서는 물론 내부에서도 강하게 제기되었다. 그러나 방송대는 정보통신기술의 발달이 보여 주고 있는 흐름이 도저히 비켜갈 수 없는 대세가 될 것이라는 판단 아래 그러한 강의체제를 도입하였다. 이를 위해서는 관련 시설과 설비가 필요하였고, 전문가의 참여가 필요하였는데 국내에서는 전례가 없는 것이라 이를 정착시키기 위한 지난한 노력이 불가피하였다.

사이버대학을 통해 어느 전공 분야까지 원격교육이 가능할 것인가에 대한 실험이 계속되고 있지만, 여전히 그 가능성은 무한히 열려 있다고 할 수 있다. 정보통신기술이 발달하면 할수록 그 가능성의 양태도 달라지게 될 것이다. 이러닝에서 지향하는 것처럼 온라인에서 진행되는 교육을 오프라인에서 진행하는 교육과 같은 효과가 창출되도록 설계를 하고, 여기에 오프라인교육의 미흡한 점까지 보완하는 설계를 함으로써 가상적으로 상상하는 현실이 가시적인 현실이 될 수도 있을 것이다. 다음에서 언급하게 될 방송대의 프라임칼리지는 이러한 가능성을 모색하는 중요한 통로가 되고 있다.

우리는 대학에 진학하기 전에 다양한 학습경험을 할 수 있다. 그 학습경험을 통해 형성한 능력 중에는 특정 전공 분야에서 교과목 이수를 통해 궁극적으로 형성하기를 기대하는 능력도 있을 수 있다. 대학에서 다루는 교과내용이 현실을 토대로 하고, 다시 현실에 적용되어야 한다는 입장에서는 교과내용과 현실의 접점을 중시한다. 바로 이 접점에 앞서 언급한 능력이 있다. 그러므로 이러한 능력을 형성하고 있는 경우에는 대학에서 이를 인정하고 다음 단계의 학업에 참여할 수 있도록 하는 조치가 필요하다. 이를 제도화한 것이 이전학습인정(RPL: Recognition of Prior Learning)제이다. 이에 대해서는 국내에서도 전례가 있지만 직업역량의 형성에 역점을 두는 대학이 아닌 대학에서 이 제도를 도입한 전례는 거의 없다. 방송대는 이 제도를 도입할 준비를 하고 있다.

2. 프라임칼리지

프라임칼리지(Prime College)는 방송대에 소속되어 있으면서 독특한 위상을 가지고 있는 교육조직이다. 프라임칼리지 자체가 방송대의 교육실험의 연장선상에 있다. 여기에는 교육주체나 교과과정이나 교육방식과 관련하여 방송대에서 이전부터 시도해 왔던 노력이 담겨 있다. 방송대는 프라임칼리지가 방송대교육의 발전을 위한 선순환의 중요한 매개가 되기를 기대하고 있다.

이 절에서는 방송대에서 새롭게 설치하여 운영하고 있는 프라임칼리지에 대해 개관한다.

새로운 요구의 수렴 : 학부 교과과정의 확대

방송대는 학부과정에서 4개 단과대학 22개 학과, 대학원의 석사과정에서 18개 학과, 경영대학원의 석사과정에서 8개 전공, 프라임칼리지의 학사과정에서 2개 학부 4개 전공을 운영하고 있다. 방송대 학부과정은 1972년부터 열었고, 대학원 석사과정은 2001년 9월부터 열었으며, 경영대학원 석사과정은 2013년에 열었다. 2001년 9월에 연 평생교육원을 2012년에 동숭대학이라는 명칭을 거쳐 프라임칼리지라는 명칭으로 변경하고 교육조직으로 전환하였으며, 2013년부터 학사과정을 열었다.

방송대 학부과정은 재학 연한이 따로 정해져 있지 않다. 그래서 매학기 한 교과목씩 수강하는 것도 가능하고, 일정 기간 휴학하고 복학하여 학업을 이어 가는 것도 가능하며 이것을 반복하는 것도 가능하고, 학업을 계속하지 못해 제적되었다고 하더라도 재입학의 절차를 거쳐 다시 학업을 이어 가는 것도 가능하다. 그래서 휴학을 포함하여 학적을 보유하고 있거나 학적을 보유할 수 있는 학생이 현재 재학하고 있는 학생보다 언제나 많게 된다.

방송대의 모든 교과목은 TV 강의, 멀티미디어 강의, 웹 강의로 제작되고 있다. 이 제작을 위해 고가의 장비가 갖추어져 있는 시설, 즉 스튜디오가 있어야 하고, 여기에 관련 전문가들이 참여해야 하기 때문에 이 제작에는 많은 비용이 들어갈 수밖에 없다. 그래서 매년 새롭게 제작하지 않고, 부분적인 수정을 하고, 전면적인 수정이 필요한 시점에서 다시 제작하는 작업을 하고 있다. 또한 외주 제작의 경우 더 많은 비용이 들어갈 수 있기 때문에 방송대 내에서 자체적으로 제작하는 비중을 높게 유지하고 있다.

방송대 학부과정에는 학과마다 7명 내외의 교수가 배치되어 있다. 개설 교과목에 대한 책임 있는 운영 문제 때문에 학과마다 이들 교수의 책임 범위를 극대화하면서 개설 교과목 수를 일정하게 유지하고 있다. 모든 개설 교과목에 대해 출석하여 시험을 보는 것을 원칙으로 하고 있기 때문에 개설 교과목 운영의 문제는 한 번에 감당해 낼 수 있는 시험교과목 수와도 맞물려 있다. 이로 인해 일반대학과 같은 규모로 교양 교과목이나 일반 교과목, 그리고 전공 교과목을 개설하는 것에는 한계가 있다. 이것은 학생의 편에서 보면 교과목 이수에서 선택지가 적은 것으로 나타나게 된다.

이러한 맥락에서 방송대는 학생이 이수할 수 있는 교과목 수를 확대할 수 있는 방안을 모색해 왔다. 그중 하나의 대안으로 모색된 것이 각 학과의 특정 교과목을 연계하여 조합 가능한 전공을 별도로 만들어 내는 것이다. 이것은 현재 사회복지 연계전공으로 가시화되었다. 즉, 일부 학과에 배치되어 있는 사회복지 관련 교과목을 연계하여 사회복지 연계전공이 만들어졌다. 그래서 학생들은 자기 학과의 교과과정을 따라가면서 동시에 사회복지 연계전공을 이수하는 것이 가능하게 되었다. 이 경우에는 양자를 병행할 수 있는 학업 능력 수준이 자격요건으로 요구된다.

그러나 이것만으로는 새로운 전공 분야 이수에 대한 학생들의 요구를 수렴하는 데 한계가 있으며, 교과목 수를 확대하는 방식으로 기존 학과 교과과정을 보완하는 것에 대한 학생들의 요구를 수렴하는 데도 한계가 있다. 이 한계를 극복하기 위해 모색된 것이 바로 프라임칼리지이다. 프라임칼리지의 전신은 평생교육원이다. 평생교육원은 학점이 부여되지 않는 다양한 교과목을 운영해 왔다. 여기에는 레포트작성법, 논문작성법과 같이 학생의 학업에 도움이 되는 교과목도 있고, 베이비시터양성과정, 공인중개사과정과 같이 학생의 취업에 도움이 되는 과정도 있다. 프라임칼리지는 여기서 더 나아가 학점이 부여되는 교과목도 운영할 수 있으며, 그럼에도 불구하고 평생교육원처럼 교과목을 개설하고 폐지하는 것을 비교적 융통성 있게 할 수 있다.

현재 프라임칼리지는 영문과, 중문과, 교육학과, 농학과 등과 연계할 수 있는 교과목도 운영하고 있다. 해당 학과에서는 기존의 교과과정에 포함시키지는 못하지만 기존의 교과과정과 연계하여 이수함으로써 진로 탐색에도 도움을 줄 수 있는 교과목을 프라임칼리지에 시범적으로 개설하였다. 실질적인 연계가 가능하려면 프라임칼리지에 개설한 교과목을 해당 학과의 교과과정 안에 포함시켜 학생들이 선택할 수 있도록 하는 것이다. 현재 방송대는 이러한 연계의 가능성을 모색하는 단계에 있다.

새로운 요구의 수렴 : 제2의 인생설계 과정

평생직장의 시대가 지나가고 평생직업의 시대가 도래하고 있다. 정확히 말하면 평생직업의 시대는 이제 도래하고 있는 것이 아니라 이미 진행되어 왔다. 다만 인생 100세 시대가 조만간 현실화될 것이 예상되는 시점에서 최대 만 65세를 정년으로 하는 직업구조의 비현실성에 대한 인식이 확대되고 있다고 말할 수 있다. 직업군마다 정년이라는 것이 있는데 이 정년을 채우지 못하고 퇴직하는 것을 '조기 퇴직'이라고 한다. 외환위기 사태를 계기로 국제통화기금(IMF: International Monetary Fund)의 관리를 받게 되면서 조기 퇴직자가 양산되었으며, 이들은 생계를 위해 재취업을 하지 않으면 안 되게 되었다. 인생 100세 시대를 전망하면서 정년에 퇴직한다고 하더라도 대부분 재취업의 과제를 비켜 갈 수 없는 것이 현실이다. 이러한 맥락에서 2010년을 전후하여 퇴직 이후의 삶에 대한 국가 차원의 관심과 지원 문제가 크게 부각되었다.

방송대에는 20대에서 70대까지 재학하고 있기 때문에 방송대는 퇴직자의 문제에 대해 무관심할 수가 없다. 사실 어떤 정부 부처든지 관할하고 있고 관심을 기울이는 직업군이 있기 마련이어서 모든 부처에서 퇴직자를 염두에 둔 다양한 사업을 추진해 왔다. 교육부의 경우도 예외가 아니다. 교육부에서는 이미 추진하고 있는 대학평생교육 활성화 사업을 통해 대학에서 지역의 평생교육적 요구를 수렴해 나가도록 하였다. 이와 더불어 방송대가 퇴직자를 위한 교육 프로그램을 개발하는 데 주도적인 역할을 하도록 요구하였다. 물론 이것은 전국에 캠퍼스를 가지고 있는 국민의 대학인 방송대에 부여된 사명에 부합하는 것이었다.

퇴직자를 위한 교육 프로그램 개발은 2012년 당시 평생교육원에서 수행하였다. 앞서 언급한 것처럼 퇴직자를 위한 교육 프로그램은 이미 전 부문에서 개발되어 운영되고 있는 상황이었기 때문에 평생교육원에서는 빠진 고리를 찾는 데 주력하였다. 다만 퇴직자에 대해 퇴직 예정자와 이미 퇴직한 자를 다 포함하는 것으로 범주화하였다. 교육 프로그램 개발을 위해 먼저 정부 부처와 퇴직자를 매개하는 단위로서 이미 관련된 교육 프로그램을 개발하여 운영하고 있는 단위들의 개발 또는 운영 실무자들의 자문을 구하였다. 자문을 위한 협의회를 진행하면서 평생교육원에서는 몇 가지 수렴점을 찾을 수 있었다.

첫째, 퇴직자들은 산업화 시대의 주역으로서 앞만 보고 달려온 사람들이기 때문에 이들에게 자신의 삶을 찬찬히 되돌아볼 기회를 제공한다. 둘째, 이미 재취업을 위한 기술을 다루는 교육 프로그램은 많이 있기 때문에 취업 전과 후로 반드시 고려해야 할 점들을 짚어 보는 기회를 제공한다. 셋째, 지역에 관심을 돌려 주민들과 함께 더불어 살아갈 수 있는 기회를 모색하게 한다. 넷째, 해외로 관심을 돌려 세계시민으로서 다른 나라 사람들에게 조력할 수 있는 기회를 모색하게 한다. 이 모든 것을 하나의 패키지로 묶어 '제2의 인생설계 과정'이라고 명명하고, 이 교육 프로그램에 접근하는 사람들이 각자 자신의 필요에 따라 교과목을 선택하여 수강할 수 있도록 하였다.

방송대 평생교육원은 교과목을 개발하면서 학점을 부여할 수 있는 것과 학점을 부여하지 않는 것을 구분하였다. 전자는 평가가 수반되기 때문에 학습자가 부담을 가질 수 있다. 평가에 부담을 갖는 학습자는 평가의 부담이 없는 교과목을 자유롭게 선택하여 이수할 수 있다. 이처럼 학점 교과목과 비학점 교과목을 다 운영하는 것으로 설계를 했기 때문에 비학점 교과목 위주의 프로그램을 운영해 온 평생교육원 체제에는 적합하지 않았다. 그래서 방송대는 비법정기구인 평생교육원을 교육조직인 프라임칼리지로 전환하였다. 이것은 우리나라 대학의 역사에서 획기적인 일이다.

프라임칼리지에서는 다양한 교과목을 개발하면서 한편으로는 해당 교과목과 관련된 내용으로, 다른 한편으로는 해당 교과목과 관련되지는 않았지만 필요한 정보를 제공하는 내용으로 간략하게 참조할 수 있는 자료들을 개발하여 사이트에 탑재하고 무료로 개방하였다. 이것은 교육 자료를 개방하는 전 세계적인 흐름과도 맞물려 있다. 프라임칼리지에서는 단순히 자료를 개방하는 차원을 넘어서서 각 자료에 대한 학습을 보충하고 심화하는 방식으로 설계하고, 이 설계 속에 그렇게 학습하도록 상담하는 기능도 포함시켰다. 이것은 세계적으로도 선도적인 것이다.

새로운 요구의 수렴 : 맞춤형 재직자 과정

'교육열'이라는 말이 등장할 정도로 우리나라에서 자녀의 교육을 지원하는 부모의 열정은 대단히 높다. 이 열정은 대학진학에 맞추어져 있다. 대학진학을 위해 그 이전 단계에 관심이 모아지고, 다시 그 이전 단계에 관심이 모아지는 연쇄가 계속되어 그 연쇄는 유치원교육에까지 이어지고 있을 정도이다. 이것을 사회문제로 보는 시각도 있지만, 그 열정이 보유하고 있는 에너지 자체를 긍정적으로 보는 시각도 있다.

전자에서 언급하고 있는 것 중 하나가 입직 연령이 지나치게 늦어지고 있다는 것이다. 젊은 나이에 현장에서 실무를 제대로 익히고 이를 토대로 점점 전문성을 높여 나가야 하는데, 그 나이에 대학진학에만 관심을 기울일 뿐만 아니라 대학에 진학해서도 거기에 계속 머무르는 경향을 보이고 있어 직업세계에서 인적 토대가 부실하다는 것이다. 대학진학률이 증가하면서 동시에 고학력자가 증가하게 되고, 이것은 다시 고학력 실업자의 증가로 이어지고 있다. 교육부에서는 그 대안의 하나로 '마이스터고등학교'를 도입하고, '선취업 후진학'이 가능한 체제를 구축하기 위해 노력하고 있다.

직업이 없는 상태에서 대학의 교과과정을 이수하는 것과 직업이 있는 상태에서 자신의 교육적 필요를 고려하여 대학의 교과과정을 이수하는 것은 다르다고 보아야 할 것이다. 무엇보다도 양자의 교과과정에 대한 설계가 동일할 수 없다. 전자의 경우에는 이후에 직업을 갖게 될 것을 염두에 두고 교과과정을 설계하게 되고, 후자의 경우에는 현재의 직업경험이 반영될 수 있도록 교과과정을 설계하게 된다. 전문대학에서 졸업생을 대상으로 학점은행제를 통해 후속과정을 개설하는 것이 후자의 예이다.

교육부에서는 대학이 선취업 후진학에도 관심을 기울일 것을 요구하고, 이를 대학평생교육 활성화 사업에도 반영하도록 하였다. 이와 더불어 방송대에는 선취업 후진학을 위한 별도의 원격교육 과정을 시범적으로 개발하여 운영할 것을 요구하였다. 취업한 상태에서 진학을 희망하는 사람은 방송대에서도 관심을 기울이는 대상이기 때문에 방송대는 해당 교과과정을 개발하는 과제를 프라임칼리지를 중심으로 추진하였다.

방송대에는 이미 다수의 재직자가 들어와 있지만 교과과정 자체를 이들을 염두에 두고 개발한 것은 아니다. 따라서 재직자를 염두에 두고 이들에게 적합한 교과과정을 개발하는 것은 방송대로서도 도전적인 과제이다. 이를 위해 프라임칼리지에서는 어떤 전공 분야의 교과과정을 개발할 것인지 연구를 수행하고 이 과정에서 다양한 경로로 자문을 구하였다. 그 결과 2개 학부 4개 전공을 선정하게 되었다.

방송대에는 공학계열이 존재하지 않는다. 다만 원칙적으로 모든 계열에 대한 원격교육이 가능하다. 방송대에서는 이미 공학계열에 대해서도 원격교육을 선도적으로 시도할 필요성 대해 인식하고 있었다. 교육부의 지원에 힘입어 방송대에서는 산업일반에 대해 공학적으로 접근하는 산업공학 전공과 기계공학과 전자공학을 융합한 메카트로닉스 전공을 엮어 첨단공학부를 구성하고, 직업세계에서 관심을 기울일 수밖에 없는 회계금융과 서비스경영을 다루는 전공을 엮어 금융·서비스학부를 구성하였다.

프라임칼리지에서는 이 외에도 재직자의 업무 향상과 교양 증진에 도움이 될 교과목들을 개발하여 제공하고 있다. 따라서 4개 전공 중 어느 하나에 소속되지 않고 재직자로서 원하는 교과목을 이수할 수 있다. 이러한 운영방식을 통해 맞춤형 재직자 과정에서 학위과정과 비학위과정을 동시에 운영할 수 있게 된다. 이것은 학습자 측면에서 보면 선택지가 확대되는 것이다.

새로운 요구의 수렴 : 재외동포교육 과정

방송대에서는 미국교포 중에서 간호사로 근무하는 동포들을 대상으로 간호학과의 교과과정을 이수할 수 있게 하였다. 미국의 경우에도 학사학위를 가지고 있을 경우 직급과 급여에서 차이가 있기 때문에 학사학위가 없는 간호사들이 학사학위 취득의 필요성을 절감하고 있었다. 그러나 미국의 대학에 진학하는 데는 여러 가지 어려움이 있어 그 대안을 모색하고 있었다. 방송대는 이미 재외동포를 대상으로 하는 교육을 미래 발전의 한 부분으로 구상해 왔기 때문에 이들의 요구를 수용하였으며, 미국 대사관의 협력을 얻어 출석하여 시험을 보는 문제를 해결하였다.

우리나라는 다른 나라 시민권을 가지고 있다고 하더라도 혈연을 중시하여 교포를 해외동포의 범주 안에 포함시키고 있다. 일제강점기를 거치면서 수탈당하고, 분단된 상태에서 겪은 전쟁으로 폐허가 된 터전 위에서 우리나라는 경제발전을 이룩하였고, 세계에서 주목받는 역동적인 나라가 되었다. '한류'가 생기고 우리나라를 참조하고자 하는 흐름도 나타나고 있다. 이제 우리나라는 다른 나라로부터 원조를 받아야 하는 나라에서 다른 나라의 어려운 사정을 헤아려 도움을 주는 나라로 그 위상을 바꾸어 나가고 있다.

이전의 어려운 시절에 외국에 나가 삶의 터전을 가꾸어 온 사람들이 있다. 이민의 역사는 고단한 삶의 역사이기도 하다. 이들이 자리를 잡고 자녀교육에 대한 지원을 통해 이전보다 나은 위상을 모색해 왔다. 그 결과 외국에서 한인사회는 하나의 세력으로 성장해 왔다. 이들이 다시 모국에 관심을 기울이고 있다. 외국에서 태어나고 그래서 국적도 다르지만 부모의 나라 또는 어머니나 아버지의 나라인 한국에 남다른 관심을 보이는 것이다. 물론 다른 나라에 대한 관심은 세계시민성의 일부이기도 하다.

이들에 대한 교육은 국가적인 차원에서는 대사관에서 운영하는 한국학센터를 중심으로 이루어지고 있다. 그리고 국내의 국립국제교육원을 통해 교포 자녀들이 방문하여 한국을 직접 보고 경험하고 느끼고, 한국에 대해 많은 생각을 할 수 있는 기회를 제공하고 있다. 하지만 이러한 방식은 한 개인에게 지속성을 갖는 방식이 아니다. 따라서 언제 어디서나 우리나라에 대해 체계적으로 학습할 수 있는 기회를 제공하는 것이 필요하다. 방송대는 바로 이것을 하나의 사명으로 설정하고, 프라임칼리지를 통해 이를 구체화하기 위한 다각적인 노력을 하고 있다.

여기서 중요한 것은 해외동포들의 교육적 필요를 읽어 내고 그 필요를 충족시킬 수 있는 교육 프로그램을 개발하여 운영하는 것이다. 한국의 역사, 정치, 경제, 문화 등에 대해 연구하는 단위들은 외국에도 많이 있다. 따라서 이와 차별성을 갖는 방식으로 프로그램을 개발하는 것이 중요하다. 그것은 아마도 우리나라 사람들의 생생한 삶의 모습을 담아내는 방향이 될 것이다.

여기서 제공되는 교육 프로그램은 쌍방향으로 이루어져야 할 것이다. 즉, 해외동포들에 대해 우리나라 사람들의 생생한 삶의 모습을 알리는 것뿐만 아니라 그들의 진솔한 삶의 모습을 우리나라 사람들에게 알리는 것도 교육 프로그램 개발에 포함되어야 한다. 그래야 이 과정이 세계시민성을 갖추는 계기로 작용할 수 있다.

교육실험과 질적 수월성

지금까지 언급한 모든 것이 방송대로서는 새롭게 시도하는 것이다. 그리고 이 시도를 프라임칼리지를 통해 집약적으로 수행하는 방식을 취하고 있다. 이 중에는 이미 상당한 진전을 이룬 것도 있고, 아직도 구체화되기에는 좀 더 시간이 필요한 것도 있다. 그러나 전자의 경우에도 좀 더 진전을 이루기 위한 과제가 있으며, 이 과제는 방송대가 존재하는 한 계속 이어질 것이다. 요컨대 앞에서 언급한 방송대의 교육실험은 프라임칼리지를 통해서도 계속되고 있는 것이다.

프라임칼리지에서는 교육 프로그램을 개발하면서 단순히 프로그램 수를 확대하는 차원에 주목하기보다 국립대학으로서 감당해야 하는 교육적 필요를 제대로 읽어 내고, 개발하는 프로그램의 질적 수준을 높게 유지하는 데 주력하고 있다. 여기서 교육적 필요는 교육 프로그램에 대한 수요와는 다른 개념이다. 교육 프로그램에 대한 수요가 있다는 것은 말 그대로 참여하고자 하는 교육 프로그램에 대한 요구가 있다는 것을 의미한다. 이 요구가 반드시 자신의 수준을 반영하고 있는 것은 아니다. 교육적 필요는 현재의 앎의 수준에서 다음 단계의 앎의 수준 사이의 간격을 의미한다. 이러한 간격이 바로 채워야 하는 교육적 필요에 해당된다. 프라임칼리지에서는 이러한 교육적 필요를 충족시킬 수 있는 프로그램을 개발하되, 다른 단위들에서 빠트린 부분, 그렇지만 어디선가는 반드시 감당해야 하는 부분을 애써 찾아 개발하는 노력을 기울이고 있다.

프라임칼리지에서는 전문가 한 명이 교육 프로그램을 개발하는 방식을 지양하고 있다. 어떤 프로그램을 개발할 것인가와 관련하여 가능한 범위에서 최대한으로 조사를 하고, 관련 전문가들의 자문을 구하는 협의회를 개최한다. 이 협의회를 일회성 모임으로 운영하지 않고, 앞서 언급한 교육적 필요에 해당하는 부분을 찾아내고, 교과과정을 구상하고, 교과내용을 주차별로 배치하고, 각 주차별로 책임 있게 교과내용을 구성하고 강의를 할 전문가를 배치하는 것까지 진행하고 마무리한다. 각 프로그램별로 책임교수를 배정하고, 튜터도 배정한다. 여기에 이들과 학습자들의 교육적 소통이 잘 이루어질 수 있도록 행정체제로 뒷받침하고 있다.

프라임칼리지의 시도는 여기에 머물지 않고 있다. 이미 목도하고 있는 바와 같이, 정보통신기술의 발달에 따라서 새로운 매체들이 계속 개발되고 있다. 기존 매체의 경우에도 계속 그 기능이 향상되고 있다. 방송대는 앞에서 살펴본 바와 같이, 새로운 매체가 등장할 때마다 이를 교육매체로 활용하는 데 주도적인 역할을 하였다. 따라서 이에 대해 국가적인 차원에서 기대를 갖는 것은 당연하다고 할 수 있다. 교육부는 새로운 매체가 등장할 때마다 이를 교육적으로 활용하는 방안을 모색하고 이를 시범적으로 시행하는 데 방송대가 허브 역할을 하도록 지원하고 있다. 이에 따라 프라임칼리지에 뉴미디어연구개발센터를 부설하였다. 현재 무료로 개방하는 교육자료(OER: Open Educational Resources)는 여기서 개발하고 있다.

교육부에서는 장기적인 전망을 가지고 방송대를 지원하고 있고, 방송대에서는 프라임칼리지를 통해 국가적인 차원의 교육적 책무를 위탁받아 수행하고 있다. 방송대는 국내에서 최고의 원격대학이고 세계적으로도 주목을 받는 원격대학이다. 방송대 안에 프라임칼리지를 설립함으로써 방송대는 국내는 물론 국제적으로도 다시 주목을 받고 있다. 무엇보다도 질적 수월성을 유지하면서도 저렴한 등록금을 유지하는 것에 대해 전 세계가 주목하고 있다. 장학금을 제공하는 것에 한정하지 않고, 대학 자체를 복지적 관점에서 운영하는 예는 전 세계적으로 드물다. 방송대는 프라임칼리지의 경우에도 이 기조를 유지하고 있다. 이 점에서 방송대는 전 세계 원격교육사에서 독보적인 위치에 서 있다.

방송대는 이 모든 경험을 체계적으로 정리하여 전 세계적으로 나누는 데도 관심을 기울이고 있다. 이미 이웃인 일본, 중국과 교류하고 있으며, 멀리 떨어져 있는 아프리카의 나라들과도 교류할 준비를 하고 있다. 아프리카의 나라 중에는 광활한 국토와 불편한 교통, 여기에 부족한 교육기관이 가세하여 국민들이 교육기회를 갖는 데 어려움을 겪고 있다. 이 어려움을 극복해 나가는 데 원격교육이 하나의 대안이 될 수 있다는 것은 분명하다. 방송대는 축적된 경험이 있고, 무엇보다도 원격교육의 초기 형태에 대한 경험도 가지고 있기 때문에 이들 나라에 실질적인 기여를 할 수 있을 것이다.

맺는말

　한국방송통신대학교 교수로 부임하여 학생들을 만나면서 교과목 학습에 어려움을 겪고 있는 수많은 사례를 접하였다. 이들에게는 학습현상과 교수현상에 대해 설명하는 이론을 소개하는 것보다는 현재 자신의 여건에서 어떻게 학습하는 것이 좋은가를 안내받는 것이 절실하게 필요하였다. 그래서 졸업생의 도움을 받아 1학년으로 입학하여 4학년이 되어 졸업할 때까지 무엇을 어떻게 하는 것이 좋은가를 다룬 『방송대 학습 길라잡이』를 출판하게 되었다. 그러나 이것만으로는 충분하지 않았다. 1학년으로 입학하여 4학년이 되어 졸업할 때까지 학사일정에 따라 어떻게 해야 하는지 세세한 안내를 하기 위해 『원격대학교육의 이해』를 출판하였다. 이것은 교과목으로도 운영되었다. 관련 자료를 정리하고 교과목을 운영하는 데도 졸업생의 도움을 받았다. 그러나 여전히 이것으로도 충분하지 않다는 생각을 지울 수 없었다. 그래서 내 자신의 대학생활을 포함하여 내가 만난 한국방송통신대학교 학생들의 대학생활에 관한 이야기를 기억 속에서 끄집어내고 조용히 묵상하고 성찰하는 시간을 가졌다. 그리고 '나는 한국방송통신대학교 교수로서 학생들이 원격대학에서 학습하기에 대해 이런저런 질문을 하면 어떻게 대답할 것인가'라는 질문을 던졌다. 학생들이 제기한 질문들을 나열하여 범주화하고, 각각의 질문에 대한 내 대답을 정리하는 작업을 하였다. 이렇게 하여 『원격대학에서 학습하기』가 이 세상에 나왔다.

지희숙 선생은 오랜 공백 이후에 복잡한 원격교육체제 속에서 교과목을 이수해야 하는 학생들에게 실질적으로 도움을 줄 수 있는 안내서가 필요하다고 계속 이야기해서 『방송대 학습 길라잡이』라는 결실을 맺게 하였다. 이지현 선생은 방송대 홈페이지에 다양한 형태로 돌아다니고 있던 글과 『대학생활 안내』에서 필요한 내용을 뽑아 주제별로 정리하는 작업을 하였다. 그리고 김상용 선생은 「원격대학교육의 이해」 교과목의 튜터로서 한 명이라도 더 교과내용에 대한 이해를 기반으로 대학생활을 잘할 수 있도록 애를 쓰고 있다. 이들은 나를 만날 때마다 틈틈이 학생들을 위해 무엇이 더 필요한지 이야기하곤 하였다. 이들의 지적이 결국 『원격대학에서 학습하기』를 집필하도록 나를 몰아세운 셈이다. 교수자이기도 한 대학교수로서 학습자이기도 한 학생의 입장에서 생각할 것을 자극하는 이 세 명의 제자에게 이 자리를 빌려 감사의 마음을 전한다.